Michèle Liussi

Kinderleicht ins Gespräch kommen

44 spielerische Ideen für starke Eltern-Kind-Kommunikation

humboldt

Für meinen Sohn.

Du inspirierst mich jeden Tag aufs Neue!

INHALT

Spielerische Eltern-Kind-Kommunikation – So gehts!

VORWORT

„Ich war immer die bestinformierteste Mutter von allen!“, erzählt meine Mutter ganz stolz seit Jahren jeder Person, die es hören will (oder auch nicht). Denn ich war sehr redselig und bin es – wenig verwunderlich – auch heute noch. Kaum fiel die Autotür ins Schloss, sprudelten die Worte nur so aus mir heraus und meine Mutter erfuhr ziemlich ausführlich, was zwischen dem Abgeben im Kindergarten und ihrer Rückkehr passiert war. Erst Jahre später, durch meine Tätigkeit als Familienberaterin und meine eigenen Erfahrungen als Mutter, musste ich feststellen: Meine Mama hatte wohl Glück mit mir. Denn die weitaus häufigere Antwort auf die Frage *„Wie war's im Kindergarten?“* ist *„Gut.“* Mit einem großen Punkt am Ende. Fortsetzung folgt. Nicht.

Dieser Punkt, diese verbale Mauer, löst in vielen Eltern Frust aus. Frust, weil uns die Beziehung zu unserem Kind wichtig ist. Weil wir wissen wollen, was unser Kind in unserer Abwesenheit erlebt hat. Wie es ihm ergangen ist. Wir wollen wissen, was in ihm vorgeht, sind interessiert an seinen Gefühlen und Gedanken. Diese Wünsche schweben über dem Austausch mit unseren Kindern. Sie üben Druck auf uns aus, was letztlich dazu führt, dass wir Druck auf unser Kind ausüben. Fertig ist der Teufelskreis. Und genau aus diesem wollen wir mit diesem Ratgeber gemeinsam ausbrechen. Eine gelingende Kommunikation wirkt sich positiv auf die Eltern-Kind-Bindung und die kindliche Entwicklung aus, so viel ist klar. Deswegen helfe ich dir in diesem Buch dabei, die Sprache deines Kindes zu verstehen, ins Gespräch zu kommen und Konflikte spielerisch und in Beziehung zu lösen.

SO HILFT DIR DIESES BUCH

Starke Kommunikation hilft dir auf vielen Ebenen deiner Eltern-Kind-Beziehung. Von Anfang an ist die verbale und nonverbale Kommunikation ein verbindendes Element zwischen euch und spielt eine zentrale Rolle im familiären Miteinander. Ihr könnt Bedürfnisse und Grenzen ausdrücken und Gefühle, Gedanken und Wünsche austauschen. Das Gespräch ist eure Brücke. Was auf den ersten Blick einfach klingt, ist ein komplexer Prozess, der aus verschiedenen Blickwinkeln betrachtet werden kann. **Wer spricht wie, wann und wo über was mit wem?** Aus diesem Grund gliedert sich dieses Buch in zwei große Bereiche, die sich zu einem Rezept für gelungenen Austausch, spielerische Leichtigkeit im Familienalltag und tiefe Verbundenheit zusammenfügen.

Im ersten Teil des Buchs erfährst du alles, was du über eine **„Starke Eltern-Kind-Kommunikation“** wissen musst. Dieses große Thema ist unterteilt in zwei Kapitel:

- **„Meine Welt, deine Welt – von Drachen und To-do-Listen“**, in dem wir uns genauer anschauen, **wer mit wem** spricht. Hier lernst du, welche sprachlichen und emotionalen Entwicklungsaufgaben dein Kind im Alter von 2 bis 6 Jahren zu meistern hat und worin sich seine Fähigkeiten von deinen unterscheiden. Damit meine ich nicht nur, ob dein Kind schon sprachlich in der Lage ist, die Vergangenheitsform oder den Konjunktiv richtig zu verwenden. Es geht vielmehr darum, **was** dein Kind auch inhaltlich schon verstehen und verarbeiten kann und wie Gespräche auf Basis dessen gelingen können.

- In **„Meine Haltung, deine Haltung – von Abenteuerlust und Neugier“** geht es um das **Wie, Wann und Wo**. Die Rahmenbedingungen guter Kommunikation also. Hier erfährst du, welche Zutaten dieses Rezeptes dich gut mit deinem Kind in Kontakt bringen, sodass es sich öffnet und du es besser kennenlernen kannst.

Der zweite Teil dieses Ratgebers widmet sich der **spielerischen Eltern-Kind-Kommunikation**. In **„Unsere Brücke, unser Spiel – von Quatsch mit Soße und Quizshows“** findest du verschiedene Impulse, die dir dabei helfen werden, mit deinem Kind ins Gespräch zu kommen, eure Bindung zu vertiefen und Konflikte zu lösen. Die entsprechenden Spieleseiten sind zu diesem Zweck mit Symbolen gekennzeichnet, die dir Orientierung bieten sollen: Welches Spiel stärkt eure Bindung? Welches lockert die Zunge deines Kindes? Und womit reißt du in festgefahrenen Situationen das Ruder nochmal herum? Einige Anregungen wirken sich auch auf mehrere Aspekte eures Miteinanders aus. Eine ausführliche Erklärung der drei verschiedenen Spielkategorien und ihrer Symbole findest du zu Beginn des zweiten Buchteils, im Kapitel → „Das können die Spiele“ (S. 75). Gleich im Anschluss an diese Beschreibung folgt eine Anleitung, wie du das richtige Spiel findest, falls du etwas ganz Bestimmtes für dich und deine Familie suchst, und eine Spieleaufteilung nach wiederkehrenden, herausfordernden Situationen im Leben mit Kindern. Du kannst aber auch ganz gemütlich durch die einzelnen Seiten schmökern und dich inspirieren lassen.

Starke Eltern-Kind-Kommunikation – So klappt's!

Du hast den Wunsch, dich mit deinem Kind auszutauschen und mehr über seine Gedanken und Gefühle zu erfahren. Doch manchmal fühlt es sich an, als würdet ihr nicht dieselbe Sprache sprechen, deine Fragen bleiben unbeantwortet und dein Interesse kommt nicht an. Das frustriert, lässt dich vielleicht sogar resignieren. Doch so weit wollen wir es nicht kommen lassen. Gut, dass du die Sprache deines Kindes lernen kannst, wenn du mehr über seine Welt erfährst, und dass es Wege gibt, die euch in Kontakt bringen.

MEINE WELT, DEINE WELT – VON DRACHEN UND TO-DO-LISTEN

Dein Kind spielt Ritter oder Piratin, während du über die Küchentheke gebeugt den Einkaufszettel schreibst? Die Frage, was es gerne essen möchte, bleibt unbeantwortet und du hast mal wieder das Gefühl, eine andere Sprache zu sprechen. Anders kannst du dir nicht erklären, warum dein Kind dich einfach nicht verstehen will, wenn du mit ihm redest. Oder warum es deine Fragen nach dem Kindergarten-Tag nie beantwortet. Genauso wenig kannst du dir erklären, warum deine ruhigen Erklärungsversuche die Lage manchmal sogar noch schlimmer machen, wenn dein Kind außer sich ist.
Die Antwort: Ihr lebt in verschiedenen Welten.
Und die gute Nachricht: Es gibt eine Brücke.
Die Kommunikation.

Kommunikation ist der Schlüssel zu einer starken Eltern-Kind-Beziehung. Nach dem prägenden ersten Lebensjahr, in dem das zuverlässige und feinfühlige Erfüllen der Bedürfnisse deines Babys zentral war und sich eure Kommunikation sehr auf den nonverbalen Bereich konzentriert hat, gewinnt die verbale Kommunikation im Kleinkind- und Vorschulalter zusehends an Bedeutung. In diesen Jahren macht dein Kind große Schritte in seiner sprachlichen, emotionalen und geistigen Entwicklung. In all diesen Bereichen spielen eure Kommunikation und eure Beziehung eine große Rolle, denn sie beeinflussen sich gegenseitig.

Das Einmaleins der Kommunikation

Hörst du deinem Kind aufmerksam zu und bist darum bemüht, zu verstehen, was es sagt und fühlt, signalisierst du ihm, dass es wichtig ist und gesehen wird. Das steigert sein Vertrauen in dich. Es weiß, dass dir seine Gedanken, Gefühle und Bedürfnisse wichtig sind. Wenn du gleichzeitig aktiv zuhörst, fällt es dir leichter, die Perspektive deines Kindes einzunehmen. Das fördert deine Empathie, also dein Einfühlungsvermögen, für dein Kind und macht es dir im Familienalltag leichter, dein Kind zugewandt und geduldig zu begleiten. Teilst du deinem Kind mit, welche Gefühle du hast oder welche du bei ihm bemerkt hast, fördert das wiederum seine Empathieentwicklung und seine Fähigkeit, mit den eigenen Gefühlen umzugehen.

Gleiches gilt für die Entwicklung kognitiver, also geistiger Fähigkeiten, wie zum Beispiel die Problemlösefähigkeit. Durch den Dialog mit dir lernt dein Kind, Gedanken und Gefühle in Worte zu fassen, ein Problem zu beschreiben und Lösungen zu finden. Im Zuge der Sprachentwicklung werden Sätze länger und Pläne komplexer, weil die Fähigkeit, Dinge zu benennen, zentral für das Entwickeln von Plänen und Lösungen ist. Euer Austausch trägt also maßgeblich zur kindlichen Entwicklung und der Gestaltung eurer Beziehung bei.

Starke Eltern-Kind-Kommunikation = Starke Eltern-Kind-Beziehung

So einfach, wie diese Gleichung aussieht, ist es in der Realität leider nicht. Vielen Eltern erscheint die Umsetzung höchst kompliziert. Das ist absolut verständlich, denn der Austausch mit einem anderen Menschen, ganz besonders mit einem Kind, ist wirklich kein Kinderspiel. Das hat Gründe: Jede*r Einzelne von uns hat schon die Erfahrung gemacht, dass aus dem einfachen Hin und Her der Wörter plötzlich ein Buchstabensalat wurde und sich am Ende mindestens eine Person missverstanden gefühlt hat. Es geschieht leider gar nicht selten, dass etwas anderes empfangen wird, als ursprünglich gesendet wurde. Und das, obwohl das Gegenüber ebenfalls bereits im Vollbesitz seiner sprachlichen und kognitiven Fähigkeiten ist, die Botschaft also eigentlich entschlüsseln können sollte. Dein Kind hingegen befindet sich mitten in diesem sehr intensiven Kleinkind- und Vorschulalter: Seine Sprache macht unglaublich viele Fortschritte in kürzester Zeit, das Gehirn entwickelt sich quasi über Nacht immer weiter und kommt dabei immer wieder katastrophal durcheinander, sodass dein Kind für Tage und Wochen nicht wie es selbst wirkt. Und seine neuen Fähigkeiten werden auf alle erdenklichen Möglichkeiten erprobt. Kurz gesagt: **In deinem Kind findet ein Entwicklungsfeuerwerk statt und du bist der oder die Brandschutzbeauftragte.**

Kommunikation und Interaktion auf Augenhöhe mit deinem Kind werden dir dabei helfen, euch beide heil und in Beziehung durch diese stürmische Zeit zu bringen. Das sind eure verbindenden Elemente, wenn sie richtig eingesetzt werden. Richtig im Sinne von: auf dein Kind und dich zugeschnitten. Du bist der Experte oder die Expertin für dein Kind und kannst, was du hier liest, darauf prüfen, ob es für eure Beziehung und euren Alltag passt. Zum Glück besteht Kommunikation nicht einfach nur aus dem Austausch von Wörtern, sondern aus vielen Puzzleteilen, die ineinandergreifen und ein Gesamtbild ergeben. Wenn es also irgendwo hakt, gibt es eine Vielzahl von Stellschrauben, an denen du ansetzen kannst, um etwas zu verändern. Neben den Worten, die gesagt und verstanden werden wollen, senden auch Stimme, Mimik und Körper Signale und Botschaften. Die Art und Weise, mit der du mit deinem Kind in Kontakt trittst, ist jedes Mal aufs Neue eine Botschaft an dein Kind. Deine fürsorglichen Handlungen senden Botschaften. Das abendliche Feststecken der Bettdecke sagt: *„Ich möchte, dass du es warm hast und dass du in Sicherheit bist. Ich liebe dich.“* Nicht-Handlungen, wie Zurückhaltung, wenn das Kind etwas ausprobiert, drücken Vertrauen in die kindlichen Fähigkeiten aus. Und auch beim dem, was wir nicht sagen, schwingt eine Botschaft mit. Manch Schweigen dröhnt lauter als jeder Heavy-Metal-Sound.

Nun treffen unsere Botschaften, ob aktiv gesendet oder unterschwellig mitgeschickt, auf Ohren, die sie nicht immer eins zu eins aufnehmen können. Ein Beispiel, das sicher alle Eltern kennen: Mitten im Gefühlssturm kannst du noch so geduldig und einfühlsam erklären, was los ist, warum du entschieden hast, was du entschieden hast, du kannst auch nachgeben, du wirst nicht gehört! Überschwemmt von seinen Gefühlen ist dein Kind für deine Worte nicht (mehr) zugänglich, sie kommen nicht an. Sie verhallen ungehört. Dein Kind braucht erst deine Unterstützung bei der Regulation seiner starken Gefühle, bevor es sich auf deine Worte konzentrieren kann. Oder deine Botschaften treffen auf ein Gehirn, das noch nicht ausgereift genug ist, um das Gesagte zu verstehen. So beispielsweise der Fall bei Verneinungen, Passivsätzen und Sarkasmus (→ „Was dein Kind nicht kann und nicht versteht“, S. 32). Es kann aber auch einfach die falsche Tageszeit sein und dein Kind ist zu müde für einen Austausch mit dir.

Mit dem Wissen über die vielen verschiedenen Ebenen, auf denen ihr miteinander kommuniziert, und darüber, wie dein Kind deine Botschaften empfängt, kannst du an eurer Kommunikation arbeiten. Dabei erfordern unterschiedliche Intentionen unterschiedliche Herangehensweisen. Damit meine ich, dass du anders mit deinem Kind sprechen wirst, wenn du es besser kennenlernen und die Bindung zwischen euch stärken möchtest, als wenn du im Konflikt zu ihm durchdringen willst. Deswegen sind die Spiele in diesem Buch kategorisiert und teilweise mit Anmerkungen zu Situationen versehen, für die eine Idee besonders gut geeignet ist. Doch vorher müssen wir uns anschauen, wer hier eigentlich mit wem spricht und worin sich diese beiden maßgeblich unterscheiden.

Wer mit wem?

Jetzt mal ehrlich: Unser Alltag als Erwachsene ist schon ziemlich langweilig, nicht? Spiel und Spaß mussten Einkaufslisten und Erwerbsarbeit weichen. Ständig müssen wir noch irgendwas erledigen und die To-do-Liste kennt einfach kein Ende. Gedanklich leben wir in der Zukunft, bei dem, was noch alles zu tun ist. Unsere Kinder nicht, sie wollen das Hier und Jetzt auskosten und genießen. Es mit Freude, Spaß und Abenteuer füllen. Dein Kind hat einen **inneren Entwicklungsmotor**, der es antreibt, Neues auszuprobieren, zu lernen, zu versuchen, zu scheitern und wieder aufzustehen. Damit das gelingen kann, braucht es seine ganze Aufmerksamkeit im Augenblick und nicht in einer weit entfernten Zukunft. Das ist einer der Punkte, an denen die Welten – unsere und ihre – aufeinanderprallen. Doch es gibt noch mehr solche Reibungsflächen.

Jeder Mensch lebt in seiner eigenen kleinen Welt. Niemand, wirklich niemand sieht die Welt genauso wie wir selbst, das ist einfach nicht möglich. Wir gehen mit unterschiedlichen Bewertungen von ein und derselben Sache durch das Leben, schreiben Situationen, Gegenständen und Menschen unterschiedliche Bedeutungen zu und sehen alles durch die Brille unserer Persönlichkeit und Geschichte. Im Vergleich zu unseren Kindern haben wir jahrelangen Vorsprung darin, uns und anderen die Welt zu erklären. Wir haben auch schon gelernt, dass andere Personen die Welt anders sehen, dass sie andere Erfahrungen gemacht haben, dass sie nicht dasselbe wahrnehmen und fühlen wie wir. Kinder haben diese Erfahrung noch nicht gemacht oder sind gerade erst dabei.

Uns trennt also von Kindern nicht nur das, was uns von jedem Menschen trennt – die Einzigartigkeit seiner Wahrnehmung, die eigene Geschichte, die Persönlichkeit und das Temperament – sondern auch Jahre und Jahrzehnte der Entwicklung. Wir müssen nicht nur akzeptieren, dass sie ihre eigene Sicht der Dinge haben (werden) sondern auch verstehen, dass ihnen für manche Dinge einfach noch die (sprachlichen, emotionalen und kognitiven) Fähigkeiten fehlen. Ihre Welt ist, besonders in dieser Altersspanne, eine ganz andere als unsere. Sie sind keine Mini-Erwachsenen. Das zu verinnerlichen ist schon die halbe Miete.

Unser aller Versuch, **Brücken zwischen diesen Welten** zu schlagen, ist die Kommunikation. Der Austausch von Wörtern, die Situationen, Gedanken, Gefühle und Erlebtes beschreiben. Diese Worte sind unser Versuch, den anderen zu vermitteln, was wir hören, sehen, fühlen und wollen. Sprache ist soziale Verbundenheit. Und genauso ist sie unser Weg, etwas darüber zu erfahren, was unser Kind hört, sieht, fühlt und will. Wir haben vergessen oder teilweise auch nicht gelernt, dass es noch weitere Wege gibt, um in Verbindung zu kommen. Einen dieser Wege, das Spiel, möchte ich dir in diesem Buch näherbringen.

Die Welt deines Kindes

Auf den folgenden Seiten lade ich dich zu einer Standortbestimmung ein. Damit meine ich, dass du herausfinden kannst: Wo stehe ich, wo steht mein Kind? Es hat ein bisschen was davon, eine andere Sprache zu lernen. Oder besser: einen Dialekt. Deinen Sprachgebrauch an die Fähigkeiten deines Kindes anzupassen ist wichtig, denn die Spielideen und Impulse bringen nur wenig, wenn ihr auf verschiedenen Ebenen kommuniziert. Als Erwachsene sprechen wir beispielsweise gerne (oftmals fließend) sarkastisch oder ironisch. Es scheint zu einer Kunst geworden zu sein, so sarkastisch wie möglich zu sprechen und dabei in Kauf zu nehmen, dass man immer weniger verstanden wird oder sein Gegenüber zumindest irritiert. Nun, mal ganz abgesehen davon, dass es auch manchen Erwachsenen schwerfällt, Sarkasmus und Ironie zu verstehen, ist das für Kinder bis zu einem bestimmten Alter gänzlich unmöglich. Ein sarkastisches *„Oh wie toll, noch ein Kritzelbild!“* interpretiert dein Kind entweder als Lob und es malt fleißig weiter, oder es bekommt ein komisches Gefühl, denn deine Worte und was das Kind sonst noch so wahrnimmt (Stimmfarbe, Körpersprache) passen nicht zusammen. Es fühlt sich verunsichert. Kinder verstehen auch keinen Subtext. Sie erkennen nicht, wenn in einer Aussage eine Aufforderung verborgen ist. Und wir alle kennen Erwachsene, die das ebenso wenig verstehen. Subtext ist eine weitere Herausforderung, die klare und verbindungsstiftende Kommunikation verhindert. Dein Kind wird sich schwertun, aus der Aussage *„Es zieht“* oder *„Es wird kalt hier drin“* abzuleiten, dass du möchtest, dass es die Tür hinter sich schließt. *„Es wird kalt, bitte mach die Tür wieder zu“* ist da schon viel klarer. (→ „Was dein Kind nicht kann und nicht versteht“, S. 32) Um solche Fallstricke zu vermeiden, ist es hilfreich zu wissen, was dein Gegenüber, dein Kind, schon (verstehen) kann. So zum Beispiel auch das Wissen darüber, dass Kinder nonverbale Signale leichter und schneller deuten können, als sie wortwörtliche Aussagen verstehen können. Einfache und klare Sprache sowie eine ausdrucksstarke Mimik und Körpersprache bilden daher schon eine gute Basis für kindgerechte Kommunikation. Kinder auf Augenhöhe zu begleiten, und das schließt die Kommunikation mit ein, heißt nicht nur, sich im Gespräch wirklich physisch auf eine Ebene mit dem Kind zu begeben – also in die Knie zu gehen – sondern sich an den Entwicklungsstand des Kindes anzupassen. Das gilt für die Erwartungen, die du an dein Kind hast, ebenso wie für die sprachlichen Botschaften, die du sendest.

Sprachliche Entwicklung

Sausen wir gemeinsam einmal schnell durch die Sprachentwicklung, denn du kannst es sicher kaum erwarten, endlich ein paar der Ideen aus diesem Buch auszuprobieren und mit deinem Kind zu quatschen und zu spielen. Dich verbunden zu fühlen. Los geht's!

Kein Sprechen ohne Hören. So viel ist klar. Daher startet unser Schnelldurchlauf auch im Babybauch, denn bereits dort konnte dich dein Kind hören. Es wird davon ausgegangen, dass diese Fähigkeit **ab der 26. Schwangerschaftswoche** sehr gut ausgebildet ist. Entsprechend kann das Neugeborene auch bereits auf Geräusche reagieren, wenn es auf der Welt ist. Sehr schnell ist es in der Lage, die Stimme der Mutter beziehungsweise der nächsten Bezugsperson von anderen zu unterscheiden. Es erkennt die Melodie seiner Vertrauensperson. Spannenderweise passen Eltern in dieser Zeit ihre Sprache beinahe automatisch an: Sie sprechen mit einer höheren Stimme, dehnen die Silben, übertreiben bei der Aussprache und sprechen insgesamt langsamer. Das gibt dem Kind die Möglichkeit, Lippenbewegungen und mimischen Ausdruck nachzuahmen. Hauptsächlich teilt sich ein Baby **in den ersten Monaten** jedoch über das Schreien mit. Dabei ist Schreien nicht gleich Schreien und feinfühlige, aufmerksame Eltern lernen ziemlich schnell, welches Weinen was bedeutet. Darüber hinaus verfügen Babys noch über ein Repertoire an nonverbalen Kommunikationswegen. Sie drehen zum Beispiel den Kopf weg, wenn sie überreizt sind.

Weiter geht es **in der zweiten Hälfte des 1. Lebensjahres** mit Lallen und Brabbeln, bis hin zu den ersten Silbenbildungen – *da, ba, dada, ma, na, mammmmma*. Du förderst diese ersten Lautbildungen durch freudige Wiederholungen und indem du dich deinem Kind lächelnd zuwendest. Auch das geschieht in der Regel ganz automatisch. Babys hören nun einzelne Schlüsselworte aus eurem familiären Alltag heraus und können darauf reagieren. In Kombination mit dem ersten Verstehen von Verben beginnt dein Kind auf kurze Aufforderungen wie *„Schau da!"* oder *„Gib mir den Ball!"* zu reagieren.

So um den 1. Geburtstag herum bildet dein Kind die ersten Worte, deren Bedeutung es auch kennt. Hat es vorher beim Brabbeln *„mammmam"* oder *„papapaaa"* gesagt, ist es sehr wahrscheinlich, dass es damit noch nicht dich gemeint hat. Ab jetzt kann das aber sehr wohl der Fall sein und du darfst fröhlich die passende Meilensteinkarte zücken! Wichtig in dieser Phase ist: Dein Kind lernt gerade sehr viel schneller die Bedeutung von Worten als die Aussprache. Die Schere zwischen Wortgebrauch und Wortverständnis wird noch eine ganze Weile weit auseinanderklaffen. Das heißt, es versteht sehr viel mehr, als es selbst sagen kann. In manchen Fällen bedeutet das auch, dass dein Kind bereits weiß, wie ein Wort richtig ausgesprochen wird, die Lautbildung aber selbst noch nicht fehlerfrei hinbekommt. Dann sagt dein Kind *„Fis"* statt *„Fisch"*, versucht dich aber zu korrigieren, wenn du auch *„Fis"* sagst.

Im 2. Lebensjahr saugt dein Kind Wörter förmlich auf. Besonders gut unterstützt du dein Kind nun beim Spracherwerb, wenn du in die Rolle des Moderators oder der Moderatorin schlüpfst. Beschreibe, was passiert, was du tust, was dein Kind tut und sieht. Spricht es etwas falsch aus oder verwendet einen Begriff falsch, korrigiere dein

Kind nicht mit *„Nein, das war falsch, sag es so ...!“* Wiederhole bestätigend den Satz deines Kindes und verwende den richtigen Begriff, oder sprich das entsprechende Wort selbst richtig aus. Dein Kind sagt *„Mhmm Sagetti!“*, dann kannst du antworten: *„Ja genau, das sind Spaghetti! Möchtest du eine Portion?“* Da Spracherwerb mutiges Experimentieren mit Wörtern und deren Formen bedarf, wirkt Kritik eher entmutigend, während die Erfahrung, verstanden zu werden, die Bemühungen deines Kindes sogar noch befeuert.

Um den 2. Geburtstag bildet dein Kind die ersten „Sätze“, also Wortketten, bis hin zu den ersten grammatikalisch richtigen Sätzen. Außerdem beginnt dein Kind vermehrt Fragen zu stellen. Da Satzbildung noch schwierig ist, ist hier Geduld deinerseits gefragt, denn es kann zu längeren Pausen oder Wortwiederholungen kommen. Du kannst förmlich dabei zusehen oder zuhören, wie sich der Satz erst bilden muss und dein Kind die passenden Wörter sucht. Warte ab, auch wenn du schon weißt, was dein Kind sagen oder fragen möchte. Greife nicht vor und lass die Worte selbst an die richtige Stelle purzeln.

Zwischen dem 2. und 3. Geburtstag passiert sprachlich unheimlich viel. Der Wortschatz wächst und wird immer bunter, im wahrsten Sinne des Wortes, denn es kommen immer mehr Eigenschaftsworte hinzu, mit denen das Kind sich selbst und alles um sich herum beschreiben kann. Das gilt auch für seine Gefühle. Aufforderungen kann es in diesem Alter bereits gut verstehen, allerdings nicht zu verschachtelt oder zu viele aneinandergereiht (Bandwurm-Aufforderungen à la *„Geh in dein Zimmer und räum das Lego auf, hol dann frische Socken aus der Schublade, bring das Gute-Nacht-Geschichte-Buch mit und mach das Licht aus“* sind für dein Kind noch nicht aufzulösen). Aller Wahrscheinlichkeit nach wird es dann verwirrt stehen bleiben oder nur die erste von vielen Aufforderungen angehen. Außerdem tut sich dein Kind noch schwer, Verneinungen zu verstehen.

Hilfreich ist es daher, zu formulieren, was dein Kind tun soll, statt mitzuteilen, was es nicht tun darf. Mach aus *„Nicht hochklettern!"* lieber *„Unten bleiben!"* oder aus *„Nicht werfen!"* ein *„Hinlegen!"* Dieser Weg der klaren Kommunikation hilft deinem Kind ungemein und stärkt eure Ja-Umgebung. (→ „Kindliches Spiel", S. 35)

WORTSCHÖPFUNGEN

Wenn Kinder beginnen, Sprache selbstständig und intuitiv anzuwenden, können dabei lustige und einzigartige Wortkreationen entstehen. Mein Sohn war, nachdem wir Geschichten über Helden und Bösewichte gelesen hatten, davon überzeugt, dass die Kontrahenten der Bösewichte logischerweise die *Gutewichte* sein müssen. Bestechend, nicht wahr? Außerdem heißen in unserer Familie alle Dinge, die man zerdrücken kann oder die zerdrückt wurden: *Pflätschies*. Ich weiß nicht mehr warum, aber es ist so. Charmante Schöpfungen wie diese können, wenn ihr das möchtet, in euren familiären Sprachgebrauch aufgenommen werden. Wie bei einem Insider-Witz oder Geheimnis fühlt sich das an, als würde man etwas Besonderes mit einer bestimmten Person teilen. Und das verbindet.

Nach dem 3. Geburtstag beginnt dann die intensive Fragephase, besonders beliebt: *„Warum?"* Eine faszinierende, lustige und teilweise in den Wahnsinn treibende Zeit. Wenn dich die Warum-Frage-Spirale an einen Punkt bringt, an dem du nur noch *„ICH WEIß ES NICHT!"* oder *„WEIL ES SO IST!"* schreien willst, dann erinnere dich daran: Es ist okay, zuzugeben, dass du etwas nicht weißt. Wir müssen nicht allwissend sein und unserem Kind diesen Eindruck auch nicht vermitteln. Du kannst deinem Kind anbieten, dass ihr die Antwort gemeinsam herausfindet, sofern das möglich ist. Und wenn es keine gibt, weil ihr die Welt der Fakten verlassen habt und die Fragen in die philosophische, religiöse oder mythische Richtung gehen, dann hilf dir für den Moment mit Gegenfragen. „*Was denkst du denn?*“ kann ein guter Einstieg für Gespräche sein, in denen es mehr darum geht, dass verschiedenen Meinungen nebeneinander existieren dürfen. Auch das ist eine wichtige Erfahrung im Austausch mit anderen Menschen.

Wirklich schön ist, dass in diesem Alter langsam richtige Gespräche mit deinem Kind möglich sind. Die Aufmerksamkeitsspanne ist noch nicht sehr lang, man geht so von 15 Minuten aus (wenn die Kinder nicht im spielerischen Flow → S. 39 sind), aber es reicht für einen kurzen Austausch. Darüber hinaus kann dein Kind nun auch schon sehr vereinfacht erzählen, was es erlebt hat.

Ab hier verfestigt sich die Sprachentwicklung eher, als dass sie weiter rasant voranschreitet. **Im Kindergartenalter** wird der Sprachgebrauch verfeinert, Sätze werden komplizierter, das Kind übt sich im richtigen Verwenden der verschiedenen Zeitformen und Erzählungen werden emotionaler und ausgeschmückter. Dein Kind denkt jetzt öfter auch über das Innenleben anderer Menschen nach und befragt dich dazu. Diese Fragen sind sehr wichtig für die Entwicklung einer inneren Theorie darüber, was andere Menschen denken und fühlen. Wenn du diese Fragen mit deinem Kind besprichst und es dazu auch nach seiner eigenen Meinung fragst, förderst du seine Empathieentwicklung. Womit wir schon bei seiner emotionalen Entwicklung wären.

Emotionale Entwicklung

Sprache als Brücke zwischen den Menschen erfordert auch, dass sie Gefühle und Gedanken austauschen und verstehen können. Dafür ist wichtig zu wissen, wann sich in deinem Kind das Wissen um welche Gefühle, Eigenschaften und Fähigkeiten bildet. Dieses Wissen hilft dir, deine Erwartungen mit den altersbedingten Möglichkeiten abzugleichen.

Kinder kommen mit der kompletten Bandbreite der menschlichen Grundemotionen auf die Welt. Sie können Freude, Furcht, Ärger, Traurigkeit und Ekel empfinden und diese mimisch zum Ausdruck bringen. Wirklich gut unterscheidbar werden diese Emotionen allerdings erst **nach etwa 6 Lebensmonaten,** davor bewegt sich dein Kind in einem Wechsel aus Wohlgefühl und Rückzug vor unangenehmen Reizen. Die Kommunikationsfähigkeit dieser Emotionen beschränkt sich in diesem Alter noch auf Weinen, Schreien und Gesichtsausdrücke, wie Lächeln oder das Zukneifen der Augen. Dein Kind aufmerksam zu beobachten, kann dir viel über seine Gefühle verraten. Auch dein Kind wird dich aufmerksam beobachten, um wiederum deine Gefühle zu erkennen. Besonders aufmerksam sind kleine Kinder für Mimik und Gesten. Starke Gefühle, wie Wut oder Freude, können sie bis zum Ende des ersten Lebensjahres bereits auseinanderhalten. In dieser Zeit ist es für dein Kind besonders wichtig, dass seine Bedürfnisse befriedigt werden und dass du (oder eine andere Bezugsperson) in der Nähe bist. Daher entsteht **in der zweiten Hälfte des 1. Lebensjahres** auch die **Trennungsangst**, denn dein Kind begreift nun, wo es selbst aufhört und du anfängst und dass ihr zwei getrennte Wesen seid. Der Zusammenhang zwischen deiner Nähe und der Erfüllung seiner Bedürfnisse wird deutlich. Es weiß noch nicht, dass Dinge weiter existieren, auch wenn sie aus seinem Blickfeld verschwinden. Deshalb glaubt es, du bist komplett auf und davon, sobald es dich nicht mehr sieht. Diese Fähigkeit, die man auch *Objektpermanenz* nennt, entwickelt sich jedoch ebenfalls bis zum Ende des ersten Lebensjahres. Du kannst das sehr gut spielerisch nachprüfen, indem du ein Spielzeug vor den Augen deines Babys unter einem Kissen versteckst. Sucht es unter dem Kissen danach, hat es verinnerlicht, dass Dinge nicht ganz, sondern nur aus dem Blickfeld verschwinden.

Im 2. und 3. Lebensjahr bilden sich die Nuancen unserer menschlichen Emotionen heraus und dein Kind bekommt mit steigendem Wortschatz auch immer mehr Möglichkeiten, seine Gefühle zu beschreiben. Dabei profitiert es sehr davon, wenn du deine Gefühle ebenfalls benennst und beschreibst. Dadurch lernt dein Kind auch, dass sich die Gefühle anderer Menschen von seinen eigenen unterscheiden können, was zur Empathieentwicklung beiträgt.

Erste Anzeichen von Empathie kann man bei Kindern **um das 2. Lebensjahr herum** erkennen, sollte aber diesbezüglich noch keine Wunder erwarten. In dieser Zeit schließt dein Kind von sich auf andere. Bemerkt es eine Emotion, wie zum Beispiel Traurigkeit, bei dir, wird es dich auf die gleiche Weise zu trösten versuchen, wie es selbst gern getröstet wird: mit einer Umarmung, einem Teddy oder einem Schnuffeltuch. Die **Perspektivenübernahme** funktioniert noch nicht, die Emotion erkennt es aber bereits. Das wird *egozentrische Empathie* genannt und ist ein normaler Entwicklungsschritt. Da es sich bei der Empathie um eine sehr komplexe Fähigkeit handelt, dauert dieser Entwicklungsprozess entsprechend lange. Die Annahmen über die Gedanken- und Gefühlswelt anderer Menschen müssen stetig mit Informationen gefüttert und immer wieder abgeglichen und korrigiert werden. **Zwischen dem 4. und 6. Geburtstag** sind dann so viele Informationen gesammelt, dass die Perspektivenübernahme immer besser funktioniert.

Außerdem ist **Empathie** der Schlüssel zu einem sozial verträglichen Miteinander. Sie ist eine der Antworten darauf, wie Erziehen ohne Lob und Strafe funktionieren kann. Indem wir Empathie fördern, tun oder lassen unsere Kinder Dinge, weil sie nachfühlen können, was bestimmte Handlungen auslösen. Dazu ein Beispiel: Du willst, dass dein Kind nicht haut. Natürlich, denn du hast Sorge, dass es ausgeschlossen wird, wenn es sich nicht an die sozialen Umgangsformen hält. Wir Menschen sind sehr soziale Wesen. Die Zugehörigkeit zu einer Gemeinschaft war lange Zeit absolut überlebensnotwendig und ist es auch heute noch in gewisser Weise. Daher beeinflusst die Angst vor sozialem Ausschluss unser Verhalten stark. Sie ist oft der Grund dafür, dass wir unser Verhalten ändern. Wenn du dein Kind bestrafst (zum Beispiel mit Liebesentzug, Entzug von Spielzeugen oder „Medienrechten"), kann es sein, dass du eine Verhaltensänderung erreichst. Es schlägt nicht mehr, weil es Angst vor der Strafe hat und diese vermeiden will. Ziel erreicht, aber aus den falschen Gründen! Ein empathischer Weg kann wie folgt aussehen: Du selbst bist emphatisch und versuchst herauszufinden, was dazu führt, dass dein Kind haut. Ganz oft ist es Hilf- oder Machtlosigkeit. Und du förderst die Empathie deines Kindes in diesem konkreten Moment, in dem du schilderst, welche Konsequenzen das hat: *„Das hat dem Mädchen sehr weh getan. Siehst du, wie es weint und sich die Wange hält?"* Ja, dieser Weg ist der längere. Aber er lohnt sich. Irgendwann wird dein Kind aufhören, andere zu hauen, weil es verstanden hat, dass es ihnen damit schadet.

Kleine Randnotiz: Einfühlungsvermögen ist außerdem die Grundvoraussetzung für Schuldgefühle. Daher ergibt es auch keinen Sinn, eine Entschuldigung von einem Kleinkind einzufordern, dessen Empathie noch nicht vollständig ausgebildet ist. Dass man sich für Fehlverhalten entschuldigt, lernen Kinder am Vorbild und davon, selbst Entschuldigungen zu empfangen.

Wie das vorige Beispiel zeigt, führt Empathie zu Mitgefühl und beides ist wichtig für rücksichtsvolles und hilfsbereites Verhalten und Kooperation. Ebenfalls zentral sind die Fähigkeiten, **Gefühle zu**

regulieren und Impulse zu kontrollieren. Während Selbstregulation in den ersten Lebensmonaten nur in Ansätzen funktioniert und Babys und Kleinkinder von der Co-Regulation durch ihre Eltern abhängig sind, klappt das im Alter von 3 oder 4 Jahren schon besser. Kinder haben dann viele Strategien, um starke Gefühle selbst in den Griff zu bekommen. Nahe Bezugspersonen sind hier ein wichtiges Vorbild und Modell. Das Gleiche gilt für die Impulskontrolle, diese beiden Fähigkeiten sind eng verknüpft und entwickeln sich folglich miteinander.

IMPULSIVES VERHALTEN BEI KLEINKINDERN

Es ist völlig normal, dass kleine Kinder impulsiv reagieren, also Dinge aus Frust wegwerfen, in ihrer Wut hauen oder treten, oder sich vor lauter Vorfreude von der Hand losreißen und loslaufen. Ihnen fehlen Gefahrenbewusstsein und Impulskontrolle, das heißt, sie können diese starken Impulse noch nicht selbst einbremsen und geben ihnen nach. Das pendelt sich mit den Jahren und besonders mit wachsenden sprachlichen und emotionalen Fähigkeiten ein. Du kannst dein Kind darüber hinaus in der Entwicklung von Impulskontrolle unterstützen, indem du motorische Impulse umlenkst (z. B. Kissenschlacht statt Hauen) und unerwünschte Impulse nicht bestrafst, denn dein Kind hat in diesem Moment keine bewusste Wahl getroffen, so zu handeln.

Achtung: Bei Gefahr im Verzug (Straßenverkehr, kleines Geschwisterchen wird verletzt und Ähnliches) geht die Sicherheit vor, ein Umlenken der Impulse ist dort nicht möglich. Schütze dein Kind, dich oder ein kleines Geschwisterkind gegebenenfalls durch (sanftes) Festhalten oder kurze räumliche Trennung.

Ein wichtiger Aspekt der Regulation ist der **Umgang mit starken Gefühlen wie Enttäuschung, Frustration und Wut.** Eltern von Kindern in der Autonomiephase werden das bestätigen: Das Gefühl der Frustration lauert hinter jeder Ecke, wenn man ein Kind zwischen 2 und 4 Jahren (teilweise auch älter) begleitet. Tagtäglich kollidiert der Wunsch deines Kindes, etwas selbstständig zu tun, entweder mit den eigenen Grenzen oder mit den Grenzen der Umwelt, also meist denen der Eltern. Beides, also die Erfahrung, etwas (noch) nicht zu können, und die, etwas nicht zu dürfen, lösen starke Gefühle der Enttäuschung aus, die sich dann oftmals in großer Wut äußern. Dazu kommt, dass sich dein Kind in dieser Zeit auch selbst in einem **emotionalen Zwiespalt** befindet. Es fühlt sich hin- und hergerissen zwischen dem Streben nach Eigenständigkeit und dem Bedürfnis nach Nähe und Sicherheit. In manchen Ausbrüchen starker Gefühle ist dieser Zwiespalt zwischen *„Lass mich!“* und *„Hilf mir, tröste mich!“* direkt beobachtbar. Dein Kind wechselt beispielsweise verzweifelt zwischen Wegstoßen und Weinen oder Schreien, wenn du wirklich gehst.

EMOTIONALEN ZWIESPALT BEGLEITEN

Bleib in so einer Situation abwartend in der Nähe, setze dich vielleicht auf den Boden in den Schneidersitz und lass dein Kind wissen, dass du da bist und es jederzeit in deine Arme kann, wenn es das möchte. Und dann konzentriere dich einen Moment ganz auf dich selbst und deine Atmung, um dich nicht von den starken Gefühlen deines Kindes anstecken zu lassen. Spür den Boden unter dir, richte deinen Schneidersitz bequem ein und warte. Oder noch besser: sende. Sende Sicherheit und Annahme. Atme bewusst und deutlich vernehmbar tief ein und aus, sei die Ruhe im Sturm.

Mach dir in so einem Fall auch klar, dass dein Kind solchen Gefühlswellen in diesem Alter noch komplett ausgeliefert ist. Sein Ausbruch ist keine bewusste, willentliche Handlung, die sich gegen dich richtet, weil du beispielsweise Nein zum Spielzeugkauf gesagt hast. Es spürt einfach eine zu große Enttäuschung, um ihrer selbstständig und allein Herr zu werden. Sie flutet dein Kind und reißt es mit sich. Dein Kind wirft sich nicht in der Schwimmbadgarderobe auf den Boden und weint bitterlich, schreit oder schlägt um sich, um dir das Leben schwer zu machen oder dich bloßzustellen (auch wenn es wirklich furchtbar unangenehm sein kann, das verstehe ich so gut!). Nein, es tut das, weil es noch keine anderen Strategien gelernt und verinnerlicht hat, mit diesen Gefühlen umzugehen. Dafür braucht es dich. Deine Unterstützung, deine Führung, dein Vorbild.

Rund um das 3. und 4. Lebensjahr werden die Gefühle deines Kindes immer komplexer. Neid, Scham, Schuld, Mitleid, Gerechtigkeitsempfinden und Eifersucht kristallisieren sich heraus. Dein Kind hat jetzt auch schon einen viel größeren Wortschatz, um diese Gefühle benennen oder zumindest beschreiben zu können. Du hilfst deinem Kind enorm, wenn ihr über solche Gefühle sprecht und lest, damit es seine sprachlichen Möglichkeiten gut erweitern kann. Das Verständnis von Gefühlen – den eigenen und denen anderer Menschen – ist sehr stark mit der sprachlichen Entwicklung verknüpft. Dass es jetzt über seine Emotionen sprechen kann, hilft ihm auch, sie zu regulieren. Der wachsende Emotionsausdruck wirkt sich positiv auf die Regulationsfähigkeit deines Kindes aus, was sich besonders mit **5 und 6 Jahren** gut zeigt. Im diesem Alter kann dein Kind die Emotionen anderer gut erkennen und die eigenen immer besser selbst regulieren. Wobei „selbst regulieren" nicht heißt, dass es sich ins Zimmer verkriecht und alles mit sich selbst ausmacht. Das ist auch nicht das Ziel. Vielmehr weiß dein Kind in diesem Alter einfach schon sehr gut, was es braucht, um sich besser zu fühlen, und fordert das dann ein oder nimmt es sich. Es nimmt sich den Freiraum, den es braucht, oder sucht die Nähe, die es jetzt benötigt, um den Gefühlssturm zu überstehen. Das kommt daher, dass dein Kind mit 6 Jahren bereits ein gutes Verständnis für Emotionen entwickelt hat und sich darüber austauschen kann.

Geistige Entwicklung

Abschließend möchte ich noch auf zentrale Aspekte der kognitiven Entwicklung deines Kindes eingehen. Wichtig für die Empathieentwicklung ist die **Theory of Mind**. Diese „Theorie des Geistes" beschreibt, wie Kinder Verständnis für Gefühle, Gedanken und Verhaltensweisen anderer Menschen entwickeln. Während Kinder in den ersten zwei Lebensjahren sehr egozentrisch sind (im eigentlichen Sinne des Wortes: sie sind um sich selbst zentriert), entwickeln sie **zwischen dem 3. und 5. Lebensjahr** eine Vorstellung davon, dass andere Menschen womöglich anders fühlen und wahrnehmen und dadurch auch anders denken und andere Absichten haben.

Das hilft ihnen dabei, nicht von sich auf andere zu schließen, sondern das Gegenüber als eigenständigen Menschen zu erkennen und entsprechend zu versuchen, dessen Perspektive zu übernehmen. Durch die Erfahrungen, die Kinder im Miteinander machen, verfeinert sich die Theorie für jeden einzelnen Menschen, mit dem man mehr zu tun hat, immer weiter. Hat ein Kind eine zuverlässige Bezugsperson mit vorhersehbarem Verhalten, bildet sich eine sicherheitsspendende Vorstellung über die Gefühle, Gedanken und möglichen Reaktionen dieser Person heraus. Hat ein Kind eine wankelmütige Bezugsperson, hat es Schwierigkeiten, eine stimmige Theorie zu entwickeln und erlebt Unsicherheit.

Abgesehen vom elterlichen Verhalten ist auch der Austausch über Gefühle und Gedanken eine wichtige Quelle für die Verfeinerung der Theorie. Du kannst dir das wie bei einem Forschungsprojekt vorstellen: Die Theorie wird immer weiter mit Informationen gefüttert, die dabei auch immer wieder auf ihre Richtigkeit geprüft werden. Letzteres ist ein Schritt, den wir Erwachsenen oft auslassen, weil unsere Annahmen über die Welt uns schon so gefestigt erscheinen. So entstehen dann Vorurteile und Stereotype. Aber das nur am Rande.

Gleichzeitig entwickeln sich weitere kognitive Fähigkeiten:

- Dein Kind lernt, Ursache-Wirkungs-Zusammenhänge zu erkennen und herzustellen (Kleinkindalter).
- Es lernt, Realität von Fantasie zu unterscheiden, fühlt sich der Fantasie aber noch sehr nah.
- **Um das 5. Lebensjahr** herum entstehen das Zeitgefühl sowie ein Verständnis für leichte mathematische Konzepte wie Zahlen, Mengen und Formen.
- Diese Fähigkeiten ebnen den Weg für eine gute Problemlösefähigkeit.
- Die Aufmerksamkeitsspanne steigt.
- Komplexere Aufgaben, wie Rätsel, größere Puzzle oder kleine Verantwortlichkeiten im gemeinsamen Haushalt, werden möglich.
- Außerdem kann dein Kind nun Pläne schmieden.
- Es kann eigene Geschichten logisch aufbauen und erzählen.
- Und es folgt mehrteiligen Anweisungen.

SARKASMUS VERSTEHEN

Es braucht alle drei Entwicklungsebenen, die ich bis hier beschrieben habe, um Sarkasmus verstehen zu können. Dein Kind muss Sprache bereits sehr gut beherrschen und verstehen. Es muss in der Lage sein, die Perspektive eines anderen Menschen gut übernehmen zu können und es muss eine aussagekräftige Theorie darüber entwickelt haben, wie das Gegenüber tickt. Dann erst wird es in der Lage sein, Sarkasmus und Ironie zu verstehen. Ich möchte das an dieser Stelle so deutlich herausstellen, weil Sarkasmus, wenn er nicht verstanden wird, wie Gift auf eine kommunikative Beziehung wirkt.

Eine Kommunikation auf Augenhöhe verzichtet nach Möglichkeit auf ein sprachliches Stilmittel, welches der Empfänger – in diesem Fall das Kind – nicht verstehen kann. Das gilt übrigens auch für Humor.

Was dein Kind nicht kann und nicht versteht

Du hast jetzt einen Überblick, was dein Kind wann in etwa lernt und welche Schritte es dabei macht. Dabei ist es mir wichtig zu betonen, dass Entwicklung ein sehr individueller Prozess ist und alle Angaben nur grobe Richtlinien sind. Dein Kind hat sein eigenes Entwicklungstempo und das darf auch so sein. Solltest du dir bezogen auf einen bestimmten Entwicklungsschritt Sorgen machen, sprich euren Kinderarzt oder eure Kinderärztin darauf an. In der Regel haben sie das sehr gut im Blick.

Zusätzlich ist es mir wichtig, dir eine anschauliche Übersicht an die Hand zu geben, was dein Kind in diesem Alter wahrscheinlich noch nicht kann und was es noch nicht versteht. Den Entwicklungsstand deines Kindes in deiner Begleitung und Kommunikation zu berücksichtigen, wird euch helfen, gut in Beziehung zu treten. Vermeide daher:

Sarkasmus und Ironie

„Oh toll, noch ein Bild …“

Passive Formulierungen

„Da hätte man wohl aufpassen müssen.“

Subtext

„Es wird kalt hier drin.“

Redewendungen

„Wir sind hier ja nicht bei Wünsch-dir-was!“

Fremdwörter

„Na, du bist aber ambitioniert!“

Doppelte Verneinungen

„Nichts Genaues weiß man nicht."

Zeitangaben

„Nur noch fünf Minuten."

Lange Schachtelsätze

„Ich meinte die Jacke, die mit den Klettverschlüssen am Ärmel und den Punkten drauf, die eine Kapuze hat, nicht die, die du von Oma bekommen hast, weil die nämlich schon zu kurz ist und es dir dann am Rücken zieht."

Bandwurmanweisungen

„Hol bitte die schmutzigen Socken aus deinem Zimmer und wirf sie in die Wäsche und nimm gleich die frischen Unterhosen mit und pack sie oben in die Schublade, bevor du dir die Hände fürs Essen waschen gehst."

Familie im Glück!
Michèle Liussi
Kinderleicht
ins Gespräch
Inke Hummel
Miteinander durch die Grundschulzeit
Weniger Druck, weniger Streit
Beziehung stärken & gelassen begleiten
So schafft dein Kind den Schulalltag
SPIEGEL Bestseller-Autorin
humboldt
humboldt
humboldt
... bringt es auf den Punkt.

Inke Hummel

Mit allen Sinnen wachsen

- Der erste Elternratgeber zur „kindlichen Wahrnehmung" und „Eigenwahrnehmung" – wichtigen Schlüsseln für ein entspanntes Familienleben
- Für Eltern mit 2-6-jährigen Kindern

240 Seiten
ISBN 978-3-8426-1699-8
€ 22,00 [D] · € 22,70 [A]

Inke Hummel

Miteinander durch die Babyzeit

- Sicher und bindungsstark durchs erste Babyjahr
- Alltagsnaher Wegweiser in den Bereichen „Denken und Wahrnehmen", „Gefühle und Miteinander" sowie „Bewegen und Entdecken"

208 Seiten
ISBN 978-3-8426-1669-1
€ 20,00 [D] · € 20,60 [A]

Inke Hummel

Nicht zu streng, nicht zu eng

- Das richtige Maß zwischen Überbehüten und Strenge finden und die Eltern-Kind-Bindung stärken
- Tipps aus der bindungsorientierten Beziehung für Eltern von Babys, Kleinkindern, Vor- und Grundschulkindern

200 Seiten
ISBN 978-3-8426-1662-2
€ 18,00 [D] · € 18,50 [A]

Inke Hummel

Miteinander durch die Grundschulzeit

- Mit den Top-Themen aus Familienberatungen: Angst vor der Schule, Ärger mit Gleichaltrigen, Konflikte wegen Hausaufgaben, verändertes Miteinander
- Für Eltern von 5–10-Jährigen Kindern

224 Seiten
ISBN 978-3-8426-1717-9
€ 22,00 [D] · € 22,70 [A]

Dirk Fiebelkorn

Mit meinem Sohn durch die Kita-Zeit

- Sicher und in guter Beziehung durch die Kindergartenzeit
- Erklärungen und Lösungen für typische Stress-Situationen mit Jungs: nicht verlieren können, wild sein, mit Waffen spielen, Medienzeit u.v.a.

200 Seiten
ISBN 978-3-8426-1723-0
€ 22,00 [D] · € 22,70 [A]

Michèle Liussi

Kinderleicht ins Gespräch kommen

- Mit alltagstauglichen Impulsen, damit Eltern mit ihren Kindern spielerisch ins Gespräch kommen
- Bindung vertriefen und Konflikte lösen – die besten Tipps für mehr Leichtigkeit im Familienalltag

184 Seiten
ISBN 978-3-8426-1720-9
€ 22,00 [D] · € 22,70 [A]

Kindliches Spiel

Ebenso wie sich die kindlichen Fähigkeiten und sein Verständnis der Welt verändern und entwickeln, verändert sich auch das Spiel deines Kindes. Aber Achtung: Das, was wir Erwachsene als Spielen bezeichnen, ist für kleine Kinder *lernen* und nicht spielen im Sinne einer Freizeitbeschäftigung.

Kinder lernen am besten im (freien) Spiel

- Es ist ihre Lernstrategie Nummer 1, denn sie macht Spaß und verankert das angeeignete Wissen somit auf positive Weise in ihrem Gehirn.
- Sie erwerben wichtige Fähigkeiten und Erkenntnisse über sich, uns und die Welt, in der wir leben.
- Spielen macht unsere Kinder mutig und widerstandsfähig.
- Es schult ihre Sinne und ihren Körper und hilft ihnen zu lernen, ihre Impulse zu kontrollieren und ihre Gefühle zu regulieren.
- Durch das Spielen machen sie sich mit sich selbst und ihrem Umfeld vertraut.

Wenn du deinem Kind also die Fernbedienung mit den Worten „*Das ist kein Spielzeug!*" aus der Hand nimmst, hast du natürlich recht. Sie ist kein extra von Marketing-Expert*innen für Kinder entwickeltes, sabberfestes Ding, das dein Kind auf die ein oder andere Weise pädagogisch fördern soll. Sondern ein Gerät, das dein Kind schon dann und wann in deinen Händen gesehen hat. Die Fernbedienung ist für dich von Interesse, also ist sie es für dein Kind auch. Und was du „damit spielen" nennst, ist der Versuch deines Kindes herauszufinden, was genau dieses Ding so faszinierend macht. Wie es funktioniert, was es kann. Das (freie) Spiel ist der Versuch, zu verstehen. Und das geht am besten in einer Ja-Umgebung.

Ja-Umgebung

Die Ja-Umgebung bezeichnet erstens eine Haltung und bezieht sich darauf, dass du mit deinem Kind wertschätzend umgehst und dich auf seine positiven Verhaltensweisen konzentriert, statt die „negativen" zu kritisieren. Du handelst, fühlst und agierst *bejahend* in Bezug auf dein Kind. Diese Haltung basiert auf Vertrauen in beide Richtungen: Du vertraust deinem Kind und seinen Kompetenzen und traust ihm viel zu, während dein Kind darauf vertraut, dass du es unterstützt und beschützt. Insgesamt ähnelt die Haltung der Ja-Umgebung der Annahme, die ich im Kapitel → „Deine Haltung" (S. 47) erläutere.

Die Ja-Umgebung bezieht sich zweitens auch auf eure reale Umgebung, in der sich dein Kind bewegt: Sie soll kindersicher sein und so gestaltet, dass du möglichst selten Nein sagen musst. In einer Ja-Umgebung sind also alle Gefahrenquellen beseitigt und dein Kind kann ungestört erkunden, ausprobieren und sich ausleben. Zum Beispiel sind die Schränke, die mit Putzmittel und anderen gefährlichen Dingen bestückt sind, verschlossen. Die zugänglichen Schubladen sind aber beispielweise mit Tupperdosen gefüllt, die dein Kind nach Herzenslust ausräumen kann, wenn du gerade in der Küche zu tun hast. Oder aber du verstaust auf Höhe deines Kindes all jene Dinge, die dein Kind im Alltag benötigt oder an denen sich dein Kind frei bedienen darf: sein Kindergeschirr, Becher, Besteck, die vorportionierten Frühstückszutaten, Snacks, Obst, Gemüsesticks, Joghurts, kleine Milchpackungen usw.

Für ältere Kinder bietet eine Ja-Umgebung die Möglichkeit, ihren motorischen Drang auf sichere und selbstbestimmte Weise auszuleben. So etwas kann durch ein Pickler-Dreieck, ein Balance-Board, eine Sprossenwand (gibt es zum Einspannen zwischen Decke und Boden ohne Bohrungen) oder eine Indoor-Schaukel erreicht werden, um ein paar Möglichkeiten zu nennen. In Kombination mit einer alten Matratze oder Turnmatten steht dem Rumtoben im Wohnraum oder Kinderzimmer nichts im Weg.

Ursache – Wirkung

Die Ja-Umgebung ist auch eine große Hilfe, wenn es deinem Kind darum geht, die Zusammenhänge von Ursache und Wirkung zu erforschen. Es ist eine wahre Freude, wenn kleine Kinder die Schwerkraft entdecken. Da fällt der Löffel, das Essen, der Becher und das Kind schaut verwundert hinterher. Man kann förmlich dabei zuschauen, wie sich in diesem kleinen Kopf die Frage bildet *„Passiert das jedes Mal, wenn ich etwas von meinem Tisch schiebe? Das muss ich ausprobieren!“* Tja, während Newton nur einen einzigen Apfel, der ihm auf den Kopf fiel, brauchte, um die Schwerkraft zu entdecken, müssen unsere kleinen Forscher*innen aberhundert kleine und große Dinge beim Herunterfallen beobachten, bis sie akzeptieren: Alles fällt auf den Boden. Alles. Na ja, fast alles. Kaufe in dieser Phase lieber keine Helium-Ballons!

Das gilt nicht nur für die Schwerkraft. Kinder entdecken unterschiedliche Ursache-Wirkungs-Zusammenhänge auf spielerische Weise. Und es gibt eben auch eine Zeit, eine Entwicklungsphase, in der sie genau diese Zusammenhänge am meisten interessieren. Üblicherweise beginnt das **in der zweiten Hälfte des 1. Lebensjahres und reicht bis weit ins 2. Lebensjahr hinein**. In dieser Zeit wird alles interessant, wodurch dein Kind eine Veränderung herbeiführen kann: Glöckchen, Lichtschalter, Rasseln und kleine Musikinstrumente, Hampelmänner, Kreiselspielzeuge, Holzkugelboxen, Nachziehtiere, Kugelbahnen, Activity-Boards und vieles mehr.

Konstruktionsphase

Irgendwann **zwischen dem 2. und dem 7. Lebensjahr** deines Kindes wird es schwierig, über den Boden eurer Wohnung zu wandeln, ohne Gefahr zu laufen, auf einen Holzbaustein oder ein Legoteilchen zu treten. Willkommen in der Konstruktionsphase. Die Dauer dieser Phase variiert zwischen „eigentlich nur ganz kurz“ und „für immer“, je nach Typ. Wichtig ist sie aber allemal, denn sie fördert Kreativität und Vorstellungsvermögen, feinmotorische Fähigkeiten und Planungskompetenzen. Bauen mehrere Kinder zusammen, wie es oftmals im Kindergarten der Fall ist, wird neben der sozialen Kompetenz auch die Kommunikation sehr gefördert, denn alle Baumeister*innen müssen sich absprechen. Schöner Nebeneffekt einer gelungenen Konstruktion: Am Ende kann man sich über das tolle Ergebnis freuen und dieses stolz präsentieren. Meine Empfehlung, falls du allabendlich mit deinem Kind aufräumst: Definiert ein Zimmer oder einen Bereich, in dem große Bauten auch mal eine Weile stehen bleiben dürfen und dann auch erweitert und bespielt werden können. Das motiviert zusätzlich. Bei uns zu Hause gilt die Regel: Der Weg zum Bett muss frei sein, denn ich will wirklich nicht im Dunkeln auf einen Legostein treten. Steht dann mal wieder eine Grundreinigung des Kinderzimmers an, wird diese rechtzeitig angekündigt und ein „Zerlegetag“ eingeplant. Dann werden besonders große Aufbauten wieder auseinandergenommen, um auch mal wieder staubsaugen und wischen zu können.

Eine Variation dieser Spielart, die uns Eltern wirklich ratlos werden lässt, ist die Dekonstruktionsphase. Zwischenzeitlich scheint es für unsere Kinder den größten Reiz zu haben, alles auseinander zu nehmen und den Inhalt aller Schubladen und Kisten auf dem Kinderzimmerboden zu verteilen. Das sind oft die Momente, in denen Eltern eine unheimliche Ruhe bemerken. Diese Ruhe, bei der Eltern sofort wissen: Oh! Das wird spannend. Meist sitzen unsere Kinder dann zufrieden und mit irgendeiner Kleinigkeit beschäftigt mitten im Zimmer, während es um sie herum aussieht, als wäre ein Mini-Tornado durchgefegt. Wenn du es aushalten kannst und keine Verletzungsgefahr siehst: Genieß die Ruhe und räume später gemeinsam mit deinem Kind auf. Macht am besten ein Spiel daraus!

FLOW – VERSUNKEN IM SPIEL

Wir Menschen kommen in einen Flow-Zustand, wenn uns eine Beschäftigung oder eine Aufgabe komplett absorbiert. Sie beansprucht die ganze Aufmerksamkeit und lässt uns, wie im Tunnel, alles um uns herum vergessen. Versunken in die Tätigkeit vergeht die Zeit, ohne dass wir Notiz davon nehmen. Kinder erleben diesen Zustand im (freien) Spiel. Ganz von allein suchen sie sich Aufgaben und Beschäftigungen, die das perfekte Maß an Herausforderung (nicht zu leicht – das wäre langweilig, nicht zu schwer – das wäre überfordernd und entmutigend) beinhalten. Unterbrich dein Kind nicht, wenn du den Eindruck hast, es ist gerade sehr vertieft. Warte, wenn möglich, darauf, dass dein Kind von allein wieder aus diesem Zustand auftaucht. Zwischen 3 und 6 Jahren hält er ohnehin nur selten länger als eine Stunde, was ja aber auch schon weit über der üblichen Aufmerksamkeitsspanne liegt.

Imitation

In dieser Phase der spielerischen Entwicklung tut dein Kind so „als ob“, ohne wirklich die Perspektive der- oder desjenigen zu übernehmen, in deren oder dessen Rolle es schlüpft. Das ist mehr Nachahmung als Rollenspiel, dient aber ebenfalls dem Lernen. Dabei übt es zum Beispiel verschiedene Abläufe, indem es dich nachahmt. Kinder in dieser Phase tragen zum Beispiel unfassbar gern und ausdauernd jedes Fitzelchen, das sie finden, zum Mülleimer, denn sie haben beobachtet, dass du das auch tust. Natürlich kommt positiv verstärkend hinzu, dass wir Eltern es nahezu feiern, wenn unsere Kinder Müll wegräumen. Die Hoffnung auf ein ordentliches Kind scheint uns alle in jubelnde Cheerleader zu verwandeln. Teil der Imitationsphase ist es, dass dein Kind mit großer Vorliebe mit den gleichen Dingen spielt, mit denen du dich viel beschäftigst. Das werden mit großer Wahrscheinlichkeit eure Alltagsgegenstände wie Küchenutensilien und Staubsauger, aber auch Papier, Stifte und (d)ein Handy sein. Aber nicht nur im Verhalten schaut sich dein Kind viel von dir ab, auch in Sachen Sprachentwicklung bist du ein wichtiges Vorbild. Dich nachzuahmen kann deinem Kind in dieser Zeit viel Spaß machen. Ärgern will es dich damit aber ganz sicher nicht, das kann ich dir versichern. Die Imitation ist ein erster Schritt zu mehr Verständnis und Perspektivenübernahme.

VORBILDLICH FLUCHEN

Falls du zum Fluchen neigst, hier ein Tipp: Eigne dir ein paar harmlose oder lustige Schimpfwörter an oder erfinde selbst welche. Seiner Wut und seinem Frust verbal Luft zu machen, ist wichtig und der Vorsatz, auf das Fluchen zu verzichten, ist eher unrealistisch. Spätestens im Stadtverkehr sind die guten Vorsätze dahin. Daher gar nicht erst versuchen und stattdessen lieber auf Pilznamen umsteigen. *„Orrrr du Zwergbecherling!"* fühlt sich ähnlich befriedigend an *wie „Du Spatzenhirn!"* und ist viel weniger anstößig.

Rollenspiel

Was mit der bloßen Nachahmung beginnt, entwickelt sich zusehends in Richtung richtiger Rollenspiele. Eine Rolle wird ganzheitlicher eingenommen und mit Leben gefüllt. Dein Kind verstellt dabei vielleicht die Stimme, passt seine Körpersprache an und, was am wichtigsten ist, es beginnt, den Rollen Persönlichkeit, Gefühle und Gedanken zuzuschreiben. Übernimmt das Kind spielerisch deine Rolle, wird es auch deine Aufgaben übernehmen, also zum Beispiel dich, in der Rolle des Kindes, aus dem Kindergarten abholen. Dieser Perspektivenwechsel ist ungemein bereichernd. Er erlaubt deinem Kind nicht nur, eine Situation aus einer anderen Position heraus zu erleben, sondern auch zu beobachten, wie du in seiner Position handelst.

Darüber hinaus stärken Rollenspiele häufig auch die eigene psychische Balance. Genauer betrachtet können sie sogar eine Form der emotionalen Regulation sein. Fühlt sich ein Kind im Alltag immer wieder klein und hilflos, gleicht das Rollenspiel als mächtiger Superheld, der die Schurken schnappt, dieses Gefühl wieder aus. Mehr noch: Rollenspiele dienen der Verarbeitung von schwierigen und konfliktreichen Situationen und deren Lösung. Im Rollenspiel können Probleme kreiert und deren Lösung erprobt werden, ohne dass sich dein Kind der eigentlichen Schwierigkeit direkt stellen muss.

Das kindliche Rollenspiel ist für die Entwicklung von Kindern deshalb so wichtig, weil es ihnen hilft, ihre Kreativität, Empathie und soziale Kompetenz zu entwickeln. Dafür bietet es ihnen eine sichere Umgebung und den Raum, ihre Gedanken und Gefühle auszudrücken. Außerdem kann es helfen, ihre Selbstwirksamkeit zu stärken. Mehr dazu unter → „Der Alleskönner: Rollenspiele“ (S. 88).

Magische Phase

In der Zeit **zwischen dem 3. und 5./6. Lebensjahr** ist das kindliche Denken von der Vorstellung geprägt, alles wäre möglich. Im Guten wie im Schlechten. Kinder können dann alles sein und werden. Alles kann passieren. Es könnte zum Beispiel regnen, weil sie traurig sind. Oder die Treppe verwandelt sich in eine Rutsche. Oder aber der kleine Geist aus dem Gute-Nacht-Geschichten-Buch entkommt den Seiten und schwebt durchs Zimmer. Das kann ängstigen. Fantasie und magisches Denken sind in diesem Alter häufig Ursache kindlicher Ängste, liefern gleichzeitig aber auch Chancen für den Umgang damit. Denn wenn alles möglich ist, dann können wir doch auch zaubern, oder etwa nicht? Dann wird die Sprühflasche zum Monsterspray oder die Stofftiere beziehen Stellung als Aufpasser an der

Kinderzimmertür. Die Magie aktiviert Superheldenkräfte, lässt das Aua am Knie durch liebevolles Pusten verschwinden und verzaubert das ganze Haus so, dass Geister nicht hineinfliegen können. Eine wundervolle Chance bietet sich deinem Kind, wenn du ihm ein Stück von deiner Zauberkraft abgibst, damit es sich selbst etwas ausdenken kann, was gegen seine Ängste helfen kann. Angst geht bei Jung und Alt mit einem Gefühl der Hilflosigkeit einher. Es ängstigt, wenn man sich nicht zu helfen weiß. Strategien an die Hand zu bekommen, mit einer furchterregenden Situation oder Fantasie umzugehen, ist daher ein effektives Mittel gegen die Angst.

MAGISCHE ÄNGSTE NICHT STEIGERN

Häufig haben Eltern in dieser Phase Sorge, dass sie die Angst ihres Kindes vor Monstern unter dem Bett sogar noch fördern, wenn sie sich auf das Spiel einlassen und es mit Monsterspray bekämpfen. Gesteht man damit nicht ein, dass Monster real sind? Ist es nicht besser man sagt *„Hab keine Angst, es gibt keine Monster!"* Ich sage nein, denn auch Ängste vor unwirklichen Dingen lösen reale und erfahrbare Angst aus, die ernst genommen werden sollte. Man kann dann mit der Sprache bei der Wahrnehmung des Kindes bleiben, um zu signalisieren, dass man selbst keine Monster oder Geister wahrnimmt. *„Du hast Angst, unter deinem Bett könnte sich ein Monster verstecken? Da könnte ich auch nicht schlafen. Ich habe nachgesehen und keines entdeckt, aber wenn du möchtest, können wir auf Nummer sicher gehen und deinen großen Bären als Wache abstellen, was meinst du? Würde das helfen?"* So siehst du die Angst, spiegelst sie, kommunizierst deine eigene Wahrnehmung und bietest eine Lösung an. Je nachdem wie stark die Angst ist, kannst du dein Kind auch ermuntern, selbst Lösungen vorzuschlagen.

Deine Erwachsenenwelt

„Das ist ja alles gut und schön, aber ich habe keine Zeit, den ganzen Tag zu spielen", denkst du dir jetzt vielleicht. Und recht hast du! Wir Eltern pendeln stets zwischen mehreren Verpflichtungen, die alle erfüllt werden wollen. Da ist der Job, der uns nicht selten über die Arbeitszeit hinaus beschäftigt. Der Haushalt, der getreu dem Motto „Irgendwas ist immer!" nie mit Aufgaben, und ganz besonders nicht mit Wäsche, geizt. Die Sorgearbeit, mit ihren unsichtbaren und sichtbaren offenen Tabs im Kopf. All diese Verpflichtungen zerren an uns und rauben uns Kraft. Könnten unsere Kinder da nicht einfach die Frage nach dem Kindergartentag beantworten, statt dass wir ihnen die Informationen aus der Nase ziehen müssen? Können sie nicht ein bisschen (mehr) allein spielen? Oder daheim mithelfen, wo sie doch schon den ganzen Vormittag im Kindergarten gespielt haben? Diese Wünsche sind nur allzu verständlich. In unserem Alltag haben Spiel und Spaß kaum noch Platz. Und auch keinen großen Wert mehr.

SPIELMUFFEL

Es gibt einige Gründe dafür, warum du keine Zeit oder auch keine Lust zum Spielen hast. Da wäre die bereits erwähnte Doppelbelastung durch Lohn- und Sorgearbeit. Wer erschöpft ist, hat keine Kraft, sich noch kreative Spielideen auszudenken, um die Kooperation des Kindes zu steigern. Selbst Vorlesen kann dann schon mal zu viel sein. Hier kann Entlastung durch Menschen in deinem sozialen Umfeld ein Schlüssel zu mehr Energie und Zeit im Alltag sein. Möglich ist aber auch, dass du das Spielen gar nicht gelernt hast, weil es bereits in deiner Kindheit keinen Raum dafür gab und du eher funktionieren musstest, als dich kreativ ausprobieren zu dürfen.

Dann können dieses Buch und eine Portion Mut dir wertvolle Dienste leisten. Vielleicht weißt du auch einfach nicht, was dir und/oder deinem Kind gefällt. Dann heißt es: offen sein und ausprobieren! Mach dich frei von Leistungsgedanken und davon, dass jeder Versuch auch ein Erfolg sein muss. Wir lernen auch dann etwas über uns, wenn etwas nicht funktioniert. Lacht darüber, das verbindet.

Wenn du dich auf diese Reise einlässt, die vielen kleinen Gelegenheiten entdeckst, in denen du mit Leichtigkeit mit deinem Kind in Kontakt treten, die Beziehung vertiefen oder Konflikte lösen kannst, dann tragen Spiel und Spaß in wunderbarer Weise zu einem **friedvollen Miteinander** bei, aus dem alle Familienmitglieder Kraft für ihren Alltag schöpfen können. Genau dafür habe ich dir viele verschiedene Spiel-Ideen mitgebracht, die du meist sogar ganz ohne Vorbereitung in euren Alltag integrieren kannst. Im Folgenden findest du Impulse, die den Austausch mit deinem Kind anregen und solche, die eine verfahrene Situation, die zu kippen droht, noch retten können. Manche eignen sich dafür, eure Beziehung zu vertiefen und eure Bindung zu stärken, und alle machen einfach Spaß, weil auch der in Familien nicht zu kurz kommen darf.

In deinem Bestreben, dich mehr auf die Welt deines Kindes einzulassen, wirst du deine Komfortzone manchmal verlassen müssen. In unserer – ich überspitze das mal – langweiligen und spießigen Erwachsenenwelt tanzen wir nicht, als würde uns niemand zusehen. Wir tanzen maximal daheim, wenn uns WIRKLICH niemand zusieht. Ganz sicher nicht im Supermarkt, weil da gerade ein tolles Lied läuft. Wir verweilen nicht im Augenblick, wir sind in Gedanken in der Zukunft. Wir planen, bereiten uns gedanklich vor, überlegen, was erledigt wurde und noch erledigt werden muss. Wir denken darüber nach, was andere denken könnten, wenn wir jauchzend in die Pfütze springen oder unser Outfit quietschig bunt ist. Oder wenn wir im Einkaufszentrum über die roten Fliesen springen, weil die aus Lava sind. Wir denken viel zu viel nach. Und das tun unsere Kinder nicht. Noch nicht. Das ist einer der vielen Unterschiede zwischen ihnen und uns. Dein Kind und auch dieses Buch eröffnen dir eine Chance. Sie sind deine Einladung, dich nochmal für kleine und große Momente in diese Leichtigkeit entführen zu lassen. Ein bisschen Sorglosigkeit aufzutanken. Dieser Ratgeber ist eine Eintrittskarte in die Welt deines Kindes, indem er dir dabei hilft, die Perspektive zu wechseln und dein Kind dort abzuholen, wo es gerade steht.

Missverständnisse entstehen dort, wo wir Erwachsenen von uns auf unsere Kinder schließen. Wenn wir die gleichen Erwartungen und Ansprüche an sie stellen wie an uns. Wenn wir die Welt nur durch unsere Augen sehen. Denk an die Seiten zurück, auf denen ich zusammengefasst habe, was Kinder noch nicht verstehen (→ S. 33/34), dann bekommst du ein Gefühl dafür, wie weit eure kommunikativen Fähigkeiten noch auseinanderklaffen. Das Gleiche gilt für die emotionale Entwicklung: Aller Wahrscheinlichkeit nach sind deine Impulskontrolle, dein Bedürfnisaufschub, deine Empathie- und Selbstregulationsfähigkeit um einiges besser entwickelt als die deines Kindes. Prüfe deine Erwartungen diesbezüglich auf ein mögliches Ungleichgewicht, das spart euch viel Frust und schützt eure Beziehung – denn um die geht es!

MEINE HALTUNG, DEINE HALTUNG – VON ABENTEUERLUST UND ANNAHME

Neben dem, WAS wir sagen, spielt auch das WIE eine große Rolle. Wie du sprichst, um gehört zu werden, und zuhörst, um zu verstehen – das sind die beiden zentralen Fragen der nächsten Seiten. Eine starke Eltern-Kind-Kommunikation entsteht aus einer Grundhaltung, die es deinem Kind ermöglicht, sich dir anzuvertrauen. Teile dieser Haltung öffnen die Tür für tiefergreifende Gespräche oder schaffen eine Wohlfühlzone, in der alle Gefühle und Gedanken sein dürfen. Mit deinen Worten, aber auch deiner Mimik, deinen Gesten und auch mit Berührungen vermittelst du deinem Kind, dass du offen und ehrlich interessiert an dem bist, was es zu erzählen hat. So lädst du dein Kind ein, sich mit dir auszutauschen und mit dir in Beziehung zu treten.

Gelingende Gespräche, bei denen man sich verbunden und verstanden fühlt, brauchen mehr als zwei Menschen, die Worte austauschen. Nötig ist, das haben wir schon gesehen, die Fähigkeit, das Gegenüber zu verstehen. Im Falle der Eltern-Kind-Kommunikation ist dies nicht immer zu hundert Prozent gegeben, vielmehr ist sie ein Prozess, in dem sich gegenseitiges Verständnis entwickelt.

Neben der Fähigkeit, Worte so zu verwenden, dass unser Gegenüber sie versteht, und wiederum die Worte der oder des anderen so aufzunehmen, dass sie einen Sinn ergeben, ist auch die Haltung ein Schlüsselfaktor, um zu deinem Kind durchzudringen. Kurz gesagt: **Wichtiger als das, WAS du sagst, ist, WIE du es sagst.** Das gilt auch fürs Zuhören: Du nimmst nicht nur auf, was gesagt wurde, sondern auch, wie es gesagt wurde, und interpretierst entsprechend.

Auch wenn du vielleicht noch nie aktiv darüber nachgedacht hast, hast du selbst schon oft gespürt, was ich damit meine. Du hast wahrgenommen, ob die zuhörende Person interessiert oder gelangweilt ist, ob sie mit ihrer Aufmerksamkeit woanders ist (zum Beispiel beim Handy) oder ob sie versteht, was du sagst und fühlst. Du trägst also den Schlüssel für den guten Austausch mit deinem Kind bereits in dir, denn dein Kind benötigt die gleichen Dinge wie du, um sich zu öffnen und wohlzufühlen.

Deine Haltung

Dieses WIE ist kein Schalter, den wir umlegen können, um plötzlich die perfekten Zuhörer und Zuhörerinnen zu sein und die richtigen Botschaften zu senden. Es ist vielmehr ein Zusammenspiel aus verschiedenen Einstellungen, Signalen und Fähigkeiten. Sie können je nach Situation und Mensch variieren und sich auch gegenseitig ein wenig ausgleichen. Schauen wir uns kurz an, aus welchen Einzelteilen diese Haltung besteht und was du tun kannst, um sie zu fördern und zu vermitteln.

Interesse & Neugier

Damit uns ein Mensch gerne von sich erzählt, müssen wir ihm das Gefühl geben, dass uns interessiert, was er zu sagen hat. Das gilt auch für dein Kind. Da Kinder schon früh beginnen, uns genau zu beobachten, können sie uns schon bald sehr gut lesen und wissen, ob wir ihnen nur halbherzig und mit einem Ohr zuhören oder ob wir mit Feuereifer dabei sind. Ich unterstelle dir jetzt mal, dass du dich für dein Kind interessierst. Immerhin hältst du ein Buch darüber in der Hand, wie du mit deinem Kind ins Gespräch kommst. Gleichzeitig wird dich vermutlich nicht alles faszinieren, was dein Kind mitzuteilen hat. So unterschiedlich unsere Welten sind, so unterschiedlich sind auch die Themen, die uns begeistern. Doch jedes Mal, wenn du Interesse und sogar Begeisterung für ein Thema oder eine Erzählung deines Kindes aufbringen kannst, ist das ein Geschenk an dein Kind und festigt das Band zwischen euch. Du ebnest damit den Weg dafür, dass dein Kind auch mit anderen, beispielsweise scham- oder angstbesetzten, Gedanken zu dir kommt. Vielleicht hilft dir dein eigener Wunsch, ein*e vertrauensvolle*r Ansprechpartner*in für dein Kind zu sein, dich auch auf vermeintlich langweilige Berichte von Sauriern oder den Helden auf vier Pfoten einzulassen. Oder du lässt dich von deinem Kind und seiner Begeisterung anstecken.

So kannst du dein Interesse zeigen:

- **verbal** durch offenes Nachfragen, Spiegeln und Zustimmungsgeräusche *(„Ah!“ – „Oh?“ – „Wirklich!?“)* und
- **nonverbal** durch Nicken, hochgezogene Augenbrauen, große Augen, einen zugewandten Oberkörper und Blickkontakt

Der Blickkontakt und deine mimische Reaktion auf das Gesagte transportieren darüber hinaus noch eine weitere Botschaft: *„Meine Aufmerksamkeit ist bei dir.“*

Aufmerksamkeit

„Mhmmm …“ – „Aha …“ – „Ja ja, sehr gut …“ Tatsächlich entlarven wir uns mit solchen Aussagen schnell, wenn es darum geht, dass wir nicht voll bei der Sache sind. In unserem Bemühen, alles unter einen Hut zu bekommen, machen wir tausend Dinge gleichzeitig. Die Kommunikation mit unseren Kindern eingeschlossen. Und das spüren sie. Oder es fehlt das Interesse. Schon sind wir in Gedanken bei unserer Einkaufsliste oder den Vorbereitungen für den nächsten Arbeitstag. Kein Vorwurf! Das machen wir alle – mal mit Freund*innen, mal mit unserer Partnerperson und mal mit unseren Kindern. Nur für die Mission „starke Eltern-Kind-Kommunikation“ müssen wir solche Momente bewusst hinterfragen und ändern. Denn die **ungeteilte Aufmerksamkeit** zu haben ist wichtig für die Entwicklung einer Beziehung und die zwischenmenschliche Kommunikation. Kommunikation ist mehr als Worte zu senden und zu empfangen. Zu ihr gehören mitschwingende Emotionen, kleine Muskelbewegungen, die wir genauso deuten wie Veränderungen in der Körperhaltung, und beispielsweise ein beschleunigter Puls, wenn man sich zusammen freut und vieles mehr. Nichts davon tun wir bewusst und kontrolliert. Aber es braucht unsere volle Aufmerksamkeit, um das alles zu registrieren und uns ein Bild zu machen.

Der Moment, in dem du etwas gemeinsam mit deinem Kind tust und es deine ungeteilte Aufmerksamkeit hat, hat das Potenzial, etwas Tolles entstehen zu lassen: **geteilte Aufmerksamkeit.** Das ist nicht etwa das Gegenteil von ungeteilter Aufmerksamkeit, sondern eine weitere wertvolle Facette davon. Damit ist der Zustand gemeint, der zu einem Gefühl von tiefer Verbundenheit bei gleichzeitiger Freiheit zur Entfaltung der eigenen Persönlichkeit führt. **Anders gesagt: „Ich bin an deiner Seite, während du wirst, wer du sein willst.“** Klingt abstrakt, ist aber ganz einfach: Eure gemeinsame Aufmerksamkeit gilt der gleichen Sache, der gleichen Tätigkeit, der gleichen Aufgabe, ohne korrigierendes Eingreifen deinerseits. Das könnte beispielsweise der Moment sein, in dem ihr beide zusammen ein Puzzle löst, den Moment der Verbundenheit teilt und du nicht „hilfst", wenn dein Kind das Puzzleteil wieder und wieder dreht, um herauszufinden, wie es passen könnte. Die geteilte Aufmerksamkeit ist deswegen so wichtig für die Sprachentwicklung und eure Kommunikation, weil sich eine gemeinsame Sprache entwickelt, wenn man seine Aufmerksamkeit teilt. Du wirst dein Kind besser verstehen, wenn du weißt, wovon es redet. Deine Nicht-Einmischung ermöglicht deinem Kind, sich frei auszuprobieren und eigene Lösungen zu finden. Die Geduld, die du in diesen Momenten mitbringst, signalisiert deinem Kind, dass du ihm zutraust, etwas selbst zu schaffen oder selbstständig Hilfe einzufordern, wenn es diese benötigt.

Geduld

Jetzt wissen wir natürlich alle, wie sehr es Eltern unter den Nägeln brennen kann zu helfen, wenn sie sehen, wie sich ihr Kind mit einer Sache abmüht. Wir Erwachsenen, vom Leistungsdruck unserer Gesellschaft geprägt, lieben Effizienz. Das zeigt sich nicht nur, wenn unsere Kinder am Reißverschluss verzweifeln, sondern auch dann, wenn sie etwas länger brauchen, das richtige Wort zu finden oder einen Satz zu formulieren. Wir greifen vor, stellen das gesuchte Wort zur Verfügung, beenden den Satz. Dabei profitiert dein Kind wahnsinnig von deiner Geduld und das in sehr vielen Bereichen, nicht nur in der Kommunikation. Wenn du dich zurückhältst und deinem Kind den Raum gibst, selbst die Lösung zu finden, kann es dabei wachsen und lernen. Egal ob es das fehlende Wort, der Rest des Satzes, die Lösung für den immer wieder umfallenden Gummistiefel oder eben der verflixte Reißverschluss ist. Gleichzeitig vermittelst du die Botschaft: *„Ich glaube an dich! Du schaffst das!"*

Geduld spielt gemeinsam mit der Aufmerksamkeit eine wichtige Rolle, wenn du deinem Kind das Gefühl geben möchtest, dass es sich dir öffnen kann. Du bringst Zeit und Interesse mit, blendest die Außenwelt aus und schenkst deinem Kind deine volle Aufmerksamkeit. Manchmal dauert es einen Moment, wenn dein Kind dir etwas erzählen will. Es muss ja zwei Dinge gleichzeitig leisten: den Ablauf der Geschichte im Kopf sortieren und die richtigen Worte dafür finden. Wenn das dann noch etwas ist, was dein Kind emotional aufgewühlt hat, wie zum Beispiel ein Vorfall im Kindergarten, ist das ganz schön herausfordernd für dein Kind. Nimm dir also wirklich einen guten Moment Zeit und warte, bis dein Kind sich gesammelt hat.

Chancen ergreifen

Im familiären Alltag ist „Chancen ergreifen" vermutlich die Königsdisziplin, denn an so manchen Tagen drängen sich die Termine dicht an dicht. Trotzdem oder vielleicht genau deshalb möchte ich dir mitgeben: **Mach dir keinen Druck.** Wenn du dir die hier beschriebene Haltung mitnimmst und nach Möglichkeit im Miteinander mit deinem Kind anwendest, wird sich das positiv auf eure Beziehung auswirken. Damit schaffst du einen guten Ausgleich für die Male, an denen der Terminkalender gewinnt und keine oder nur wenig Zeit bleibt. Unter dem Strich zählt, dass du dich bemühst und genau das wird dein Kind spüren. Auch wenn es dann mal nicht gehört wird.

„Chancen ergreifen" meint, ...

- für die Gesprächsangebote deines Kindes aufmerksam zu sein und mit ein wenig Geduld das Gespräch entstehen zu lassen – auch ohne gleich Worte oder Lösungen anzubieten.
- bei der Autofahrt die Musik leise zu drehen, wenn du spürst, dass sich ein Dialog entwickelt oder sogar spontan rechts ranzufahren, damit du dich deinem Kind zuwenden kannst. Wenn es die Zeit zulässt, wird das für dein Kind ein wertvolles Signal sein.
- das Buch zur Seite zu legen, wenn das Gelesene in deinem Kind arbeitet und es sich mit dir darüber unterhalten will. Das Buch könnt ihr auch ein andermal fertiglesen.

- in der abendlichen Routine noch Raum für Austausch zu schaffen oder zuzulassen, auch wenn sich dann die Schlafenszeit ein wenig nach hinten verschiebt. Dafür schläft dein Kind mit dem Gefühl ein, gehört und gesehen zu werden.

Wenn du danach Ausschau hältst, wirst du die Momente entdecken, in denen dein Kind sich gerne austauscht oder mitteilt. Es mag sein, dass das nicht genau dann ist, wenn dein Interesse am größten ist, zum Beispiel beim Abholen aus dem Kindergarten. Womöglich macht dein Kind aber später, nachdem es etwas selbstbestimmt gespielt hat, noch mal einen Anlauf, dir etwas zu erzählen. Vielleicht redet es mit vollem Bauch lieber oder an der frischen Luft in Bewegung. Wenn du ein Muster ausmachen kannst, nach oder bei welcher Tätigkeit dein Kind mitteilsam ist, wirst du künftig genau dann auch Zeit einplanen und Chance entstehen lassen können, statt sie ergreifen zu müssen.

DAS SETTING

Gespräche können immer und überall entstehen, wir haben ja alles dabei, was wir dafür brauchen. Jedes Kind ist etwas anders, daher ist es an dir, aufmerksam dafür zu sein, welches Setting zu deinem Kind passt. Hast du einen spontanen Drauflosquatscher, dann sei offen und ergreife die Chancen, wie sie dir geboten werden. Hast du eine besonnene Erzählerin, wirst du das Setting gezielt schaffen müssen: Ruhe, keine Ablenkung, Zeit einplanen, keine Unterbrechungen. Es gibt Kinder, mit denen das Gespräch in Bewegung leichter fließt und andere, die plötzlich beim Kuscheln anfangen *„Du, Mama ... du, Papa ...“* Wenn du offen und neugierig auf dein Kind bist, wirst du die Signale erkennen. Und mit den Ideen in diesem Buch werden sie sogar noch deutlicher sichtbar werden.

Offenheit und Toleranz

Die Chance zu ergreifen, mit unserem Kind ins Gespräch zu kommen, uns auf einer vertrauensvollen Ebene auszutauschen, heißt gleichzeitig, dem Kind die Chance zu geben, alles zu sagen, was es möchte. Fantasie und Träume spielen eine große Rolle für Kinder in diesem Alter, während unsere Erwachsenenwelt von Realität und Logik bestimmt wird. Dadurch neigen wir allzu schnell dazu, Träumereien mit unserer Vernunft oder starke Gefühle mit Rationalisierungen abzutun. Wir fragen Kinder, wovon sie träumen, um ihnen dann zu sagen, dass das aber schon sehr teuer ist, dass es keine Superkräfte gibt oder dass „Graffitisprayer" gar kein Beruf ist. Oder sie erzählen uns davon, wie „blöd" die Kindergartenerzieherin zu ihnen war und wir reagieren vermittelnd oder drehen sogar den Spieß um. *„Und was hast du gemacht? Umsonst hat sie bestimmt nicht geschimpft!"* oder *„Das hat sie bestimmt nicht so gemeint. Habt ihr euch denn wieder vertragen?"*

Wir reagieren voreingenommen oder aus unserer Erwachsenenperspektive, angetrieben von dem Wunsch, unserem Kind Enttäuschungen oder Konflikte zu ersparen. Gleichzeitig dämpfen wir damit das Gefühl, man könne mit allem zu uns kommen. Horch mal in dich hinein, wie es wäre, wenn deine Partnerperson oder Freund*innen so auf deine Träume von einer Weltreise reagieren. *„Zu teuer!"* – *„Geht nicht."* – *„Wer macht schon sowas?"* Oder wie es dir ginge, wenn dein Gegenüber fragt, was DU falsch gemacht hast, wenn du dich gerade über deine Chefin aufregst. Ich schätze, da geht es dir wie mir: Du willst das in dem Moment nicht hören. **Bevor die Vernunft Platz hat, muss erstmal Raum für die Gefühle sein**. Und was die Träume angeht: Die Realität bahnt sich selbst ihren Weg, dafür braucht sie uns nicht. Wir dürfen mit unseren Kindern mitträumen und staunend beobachten, was in ihrer Welt alles möglich ist.

In erster Linie teilt dir dein Kind etwas von sich mit. Es teilt einen Traum, ein Gefühl, eine Idee mit dir, wie ein kostbares Geschenk. Nimm das an, ohne es in einem ersten Schritt auf Machbarkeit oder soziale Erwünschtheit hin zu überprüfen. Verstehe seine Offenheit nicht direkt als Aufforderung an dich, diesen Traum zu verwirklichen, eine Lösung parat zu haben oder erzieherisch eingreifen zu müssen.

Ein Beispiel: Dein Kind erzählt dir nach dem Abholen *„Ich hab' heute den Julian gehaut …"* Verständlich, dass du gerne in etwa so reagieren möchtest: *„Warum denn das? Du weißt doch, dass man das nicht tut! Was hat die Erzieherin gesagt?"* Deine Gedanken werden in dem Moment überschwemmt mit Sorgen: Warum haut mein Kind? Gab es daheim bei uns Stress? Hat das andere Kind meines geschlagen? Hat mein Kind Ärger oder Verständnis bekommen? Gibt es schon länger Probleme, von denen ich vielleicht nichts mitbekommen habe? Spielen jetzt die anderen Kinder nicht mehr mit meinem? Willkommen im Gedankenkarussell. Das Problem daran ist: Du bist mit deiner Aufmerksamkeit bei diesen Fragen und nicht bei deinem Kind. Und selbst wenn du deinem Kind all diese Fragen stellst, bist du nicht wirklich bei ihm in diesem Moment. Statt einem Verhör wünsche ich dir, dass du bemerkst, dass seine Erzählung ein Gesprächsangebot und keine Beichte ist. Wer so anfängt, der möchte etwas erzählen, seine Sicht der Dinge mitteilen. Ganz wahrscheinlich ist die Situation für dein Kind noch nicht aufgelöst und es ist gedanklich noch damit beschäftigt. Es ist an dir, mit deiner Offenheit und bedingungslosen Annahme, den Raum zu öffnen, in dem dein Kind sein Verhalten reflektieren und etwas daraus lernen kann.

Annahme und Unvoreingenommenheit

Die Sache mit der bedingungslosen Annahme ist gar nicht so einfach, eigentlich sogar unmöglich. Es wird immer Dinge geben, die nicht angenommen werden können, auch wenn die allermeisten Eltern sofort unterschreiben würden, dass sie ihr Kind bedingungslos lieben. Diese bedingungslose Liebe hält uns nicht davon ab, unserem Kind regelmäßig zurückzumelden, was „nicht passt“. Wir urteilen, kritisieren, korrigieren, befehlen. Und wir tun das, weil wir glauben, dass das wichtig und notwendig ist.

Der Psychologe und Autor Thomas Gordon spricht in seinem Buch „Familienkonferenz“ (Heyne, 2011) von einem Irrglauben: „Die meisten sind in dem Glauben erzogen worden, dass ein Kind einfach so bleibt, wie es ist, wenn man ihm Annahme entgegenbringt; dass der beste Weg, einem Kind zu helfen, in Zukunft etwas Besseres zu werden, der ist, ihm zu sagen, was man jetzt an ihm nicht akzeptiert.“

Was uns notwendig für die Entwicklung eines sozial angepassten Menschen erscheint, ist hinderlich für die freie Persönlichkeitsentwicklung unseres Kindes und eine vertrauensvolle und tiefe Eltern-Kind-Beziehung. Wenn du dein Kind annimmst – sein Verhalten, seine Gefühle oder seine Gedanken – wird es sich freier fühlen, sich dir zu öffnen und ungefiltert mitzuteilen. Dabei darfst du größtenteils auch ganz unbesorgt sein: Kinder wollen lernen, sie wollen ein Teil der Gemeinschaft sein, sie wollen sich entwickeln und neue Herausforderungen meistern. Und das möchten sie mit allen ihren Seiten, mit ihren Stärken ebenso wie mit ihren vermeintlichen Schwächen. Halte dich aus diesem Grund auch mit Etikettierungen zurück. Sie lassen dich in deinem Verhalten und deiner Haltung voreingenommen werden.

Etikettierungen sind die Schubladen, in die wir unsere Kinder stecken, im Positiven (schlau, musikalisch, mutig, tapfer, künstlerisch begabt, fürsorglich, fleißig und viele mehr) wie im Negativen (ängstlich, faul, trotzig, schwierig, wild, laut, zornig, schnell reizbar, unordentlich, chaotisch und so weiter). Manche Eigenschaften oder Angewohnheiten werden auch gerne in Bezeichnungen wie *Quatschkopf, Zappelphilipp, Trotzkopf, Prinzessin* oder *Madame* (abwertend für sensibel oder wählerisch), *Angsthase, Besserwisser* und *Schlaumeier* verpackt. Indirekt bringen wir damit zum Ausdruck, dass diese Eigenschaften unserer Meinung nach vordergründig sind und unser Kind definieren. Gerne bringen wir diese Schubladen auch gleich mit großartigen Berufsaussichten oder zukünftigem Scheitern in Verbindung. *„Du kannst so gut mit mir verhandeln, du wirst sicher mal Anwältin!"* oder *„In der Schule wirst du mal richtig Schwierigkeiten bekommen, weil du so unordentlich bist."*

An solchen wiederholt vorgebrachten Schubladen arbeiten sich Kinder manchmal jahrelang ab, versuchen elterliche Erwartungen zu erfüllen, die nicht mit ihren eigenen Wünschen übereinstimmen und lernen sich erst spät wirklich selbst kennen, wenn der Einfluss der Eltern schwindet. Verzichte auf negative Pauschalisierungen und düstere Zukunftsaussichten aufgrund der vermeintlichen Schwächen deines Kindes. Denn es befindet sich in der Entwicklung und es hilft ihm nicht, wenn du oder ihr euch sprachlich darauf festlegt, dass es etwas nicht kann. Viel wahrscheinlicher ist, dass es etwas NOCH nicht kann und es mit deiner Unterstützung und Ermutigung noch meistern wird. Dafür lohnt sich immer der Blick auf die individuelle Entwicklung, statt der Vergleich mit anderen Kindern.

Mit positiven Zuschreibungen ist es auch so eine Sache. An und für sich spricht nichts dagegen, dass wir unseren Kindern sagen, was sie gut können oder worin sie Talent zeigen, nur die Art und Weise ist entscheidend. Wenn wir mit oder über unsere Kinder sprechen, sollte klar werden, dass wir von diesem Moment, dieser Beobachtung und vor allem von unserer Einschätzung sprechen. Eine Einschätzung, die nichts Absolutes (*„Du bist IMMER so geschickt!“*) darstellt und nicht die Realität oder Zukunft (*„Du wirst sicher mal Architekt*in!“*) abbildet. *„Immer macht es schlimmer“*, sagte schon meine Mutter. Auch mit positiv gemeinten Generalisierungen schränken wir unsere Kinder in ihrer Persönlichkeitsentwicklung ein. Das Kind, das häufig hört: *„Ach toll, du bist immer so ruhig, dich merkt man kaum!“*, wird sich eher hüten, seine Gefühle und Bedürfnisse irgendwann mal laut und mit Bestimmtheit zum Ausdruck zu bringen oder einzufordern. Immerhin hat es gelernt, dass andere es dann besonders gern mögen, wenn es ruhig ist und nicht auffällt. Ganz anders hingegen die wertschätzende Mitteilung: *„Danke, dass du heute so ruhig gespielt hast, als ich Kopfschmerzen hatte. Das hat mir sehr geholfen.“*

Respekt

Zu guter Letzt verdienen unsere Kinder das, was jeder Mensch verdient: Respekt. Es schmerzt ein wenig, das so konkret herausstellen zu müssen, aber die Wahrheit ist: Allzu oft begegnen wir Kindern mit weniger Respekt als Gleichaltrigen oder Älteren. Sie können noch nicht, wissen noch nicht, verstehen noch nicht, brauchen noch nicht zu wissen, dürfen noch nicht – das sind die Begründungen für teilweise respektloses und übergriffiges Verhalten. Und das zeigt sich auch in der Kommunikation. Erwachsene unterbrechen Kinder, lachen sie aus, wenn sie ein Wort falsch verwenden oder stottern und beenden unwirsch deren Sätze, weil ihnen die Geduld ausgeht. Sie sprechen über Kinder, als wären sie nicht anwesend oder würden nicht verstehen, was gesagt wird. Sie unterschätzen sie und nehmen sie nicht ernst, hören nicht zu und fragen Kinder nicht nach ihrer Meinung. In vielen Belangen vermitteln Erwachsene Kindern unterschwellig die Botschaft: Eure Ansichten sind weniger von Belang als unsere. Das kann zu einem Gefühl der Resignation führen. *„Warum sollte ich noch was sagen, wenn ich doch eh nicht ernst genommen werde?“*

Dazu möchte ich eine persönliche Anekdote teilen: Kurz vor der Gemeindewahl war unser Dorf voller Wahlplakate und mein Sohn befragte mich dazu. Mir wurde klar, dass ich ihm davon selbstverständlich nichts erzählt hatte, da er ja nicht wählen darf. Ich erklärte ihm also kindgerecht, wie ein Dorf organisiert und geführt wird, um dann zu erklären, dass nun die Menschen, die hier wohnen, mitentscheiden dürfen, was wichtige Themen sind und wer sich um alles kümmern soll. Mein vierjähriger Sohn wies mich absolut treffend darauf hin, dass er auch hier wohnen würde und dass er auch mitentscheiden wolle. Also besprachen wir in Kürze die wichtigsten Vorschläge der Kandidat*innen und ich fragte ihn, was ihm denn wichtig sei. Er erklärte mir, dass er den jüngeren Kandidaten wählen möchte, weil der den Ort familienfreundlicher machen möchte und wir ja eine Familie sind. An diesem Tag entdeckte ich Adultismus bei mir und Weitsicht bei meinem Sohn.

ADULTISMUS

Unter diesem Begriff wird eine von Vorurteilen geprägte Haltung verstanden, die dazu führt, dass sich Erwachsene über Kinder und Jugendliche stellen und für sie Entscheidungen treffen, ohne ihre Meinungen und Bedürfnisse zu berücksichtigen. Dadurch werden sie ein Stück weit aus der Gestaltung ihrer eigenen Lebenswelt (familiär, außer-familiär, gesellschaftlich und politisch) ausgeschlossen. Diese Haltung nehmen Erwachsene nicht böswillig ein, nein. Die Vorurteile, die dieser Einstellung zugrunde liegen, haben eine lange Geschichte, in der Kinder nicht gesehen, gehört und ernst genommen wurden. Wir, also die Generation, die achtsamer und aufmerksamer mit solchen Themen umgeht, haben nun die Chance, Bewusstsein dafür zu schaffen und uns dafür stark zu machen, dass Kinder und Jugendliche in Entscheidungen einbezogen werden. Und wenn es nur bei uns im kleinen Kreis ist. Jede Veränderung beginnt im Kleinen, bevor sie große Kreise zieht.

Kinder profitieren in ihrer Entwicklung sehr davon, dass sie sich einbringen dürfen. Das Recht auf Partizipation ist sogar in der UN-Kinderrechtskonvention verankert. Auf politischer Ebene ist das aus verschiedenen Gründen nicht (oder nur schwer) möglich, auf familiärer Ebene und auch in der Kinderbetreuungseinrichtung aber schon. Regeln und Grenzen können ab dem 3./4. Lebensjahr gemeinsam verhandelt und ausgemacht werden. Respektvoll ist es auch, wenn Eltern nicht automatisch von allen Regeln ausgenommen sind. Zum Beispiel sollte die Regel, dass man sich ausreden lässt, für alle, unabhängig vom Alter, gelten. Auch wenn Kinder in vielen Dingen von uns abhängig sind und wir die Verantwortung für sie tragen, dürfen wir nicht vergessen, dass es auch ihr Leben und ihre Lebenswelt sind. An der Gestaltung eben dieser sollten sie aktiv teilhaben dürfen. Das zu gewährleisten ist unsere Verantwortung.

DIE MACHT DER WORTE

Es ist wichtig, dass wir Sprache nicht auf die leichte Schulter nehmen, denn sie ist sehr mächtig. Worte können, selbst wenn das vom Sender oder der Senderin nicht so beabsichtigt ist, sehr verletzend, beschämend und herabwürdigend sein. *„Benimm dich nicht wie ein Baby!“* wäre ein Beispiel für eine unbedachte, aber herabwürdigende Aussage. Es kann helfen, die respektvolle Haltung Kindern gegenüber immer wieder zu überprüfen, indem man die Aussage, die man tätigt, oder die Regel, die man aufstellt, dahingehend beleuchtet, ob man sie so auch der Partnerperson oder einer anderen erwachsenen Person gegenüber formulieren würde.

Es wird unsere *Stimme* sein, die unsere *Kinder* ein Leben lang begleitet. Auch dann, wenn wir schon lange nicht mehr *an ihrer Seite* sind.

Wie du sprichst, um gehört zu werden, und zuhörst, um zu verstehen

Bestimmt kribbelt es dir nach so viel theoretischem Input zu Entwicklung und Gesprächshaltung bereits in den Fingern, endlich etwas Praktisches zu lernen und anzuwenden. Deswegen habe ich jetzt noch einige **praktische Hinweise** mitgebracht, die dich auf deiner Mission „starke Eltern-Kind-Kommunikation" unterstützen. Dabei möchte ich mit dir beide Seiten beleuchten: das Sprechen und das Zuhören. Denn beide sind gleichbedeutend, wenn es darum geht, dass ihr eure Botschaften ohne Störungen senden und empfangen könnt.

Klare Sprache

Wie wichtig es ist, dass wir uns klar und bedacht ausdrücken, wurde dir vermutlich bereits bewusst, als ich erklärt habe, wie sich dein Kind entwickelt und was es entsprechend seines Entwicklungsstandes noch nicht kann. Passive oder sarkastische Aussagen zu verstehen, fällt Klein- und Vorschulkindern noch schwer. Außerdem sind Verneinungen – ganz besonders die doppelten! – recht verwirrend für Kinder. Das hast du im Kapitel → „Was dein Kind nicht kann und nicht versteht" (S. 32) schon ausführlich kennengelernt.

Klare Sprache lebt davon, dass du klar bist. Sonst kann es passieren, dass deine Botschaft mit Interferenzen geschickt wird. Das heißt, etwas passt nicht zusammen. Vielleicht lächelst du, während du sagst *„Hör sofort auf!"* Oder du sagst etwas Fröhliches, aber deine Stimme klingt traurig. Oder du stellst eine Frage, die keine ist, äußerst eine Bitte, die keine Bitte ist. *„Willst du mal den Tisch decken?"* ist, da sind wir uns sicher einig, kein Arbeitsauftrag, sondern die Frage danach, ob dein Kind dazu gerade Lust hat. *„Nein"* ist also eine absolut legitime Antwort. Nicht selten kommen bei deinem Kind verwirrende Botschaften an. Besonders häufig machen wir diesen Fehler beim Grenzen setzen. Wird unsere Grenze auf die freundlich lächelnde Art nicht angenommen, kippen wir in Härte und Strenge. Plötzlich werden wir laut und endgültig. Bis hier hin und nicht weiter. Alles dazwischen überspringen wir, denn die meisten von uns – besonders Frauen – haben nicht (gut genug) gelernt, Grenzen zu setzen. Klare Sprache mit klarer Haltung kann dir dabei helfen, nicht hart zu werden. Statt deinem Kind lachend zu sagen, dass es aufhören soll, dich an den Haaren zu ziehen, weil das wehtut, kannst du freundlich und bestimmt sagen: *„Stopp. Lass meine Haare los, das tut mir weh.“* Dafür musst du nicht schimpfen oder gar schreien. Aber du musst dir deiner Grenzen bewusst sein und das ist manchmal ziemlich schwierig. Nicht immer ist es so eindeutig wie beim Haareziehen. Das tut weh, Grenze erreicht. Neben körperlichem Schmerz ist auch Wut ein sehr starkes Signal für Grenzüberschreitungen. Sie kann dir ein Wegweiser sein.

DAS NEIN DEINES KINDES

Das Nein deines Kindes zu respektieren ist nicht immer einfach, aber unfassbar wertvoll, aus unzähligen Gründen. Du möchtest, dass dein Nein akzeptiert wird? Dann schenke, was du wünscht. Du möchtest, dass dein Kind später Grenzen anderer akzeptiert und gleichzeitig seine eigenen Grenzen wahren und schützen kann. Du bist der Anfang. Mit den Gamechangern aus diesem Buch wirst du hoffentlich auf spielerische Weise viele Neins in ein lachendes Ja verwandeln, ohne Härte oder körperliche Überlegenheit nutzen zu müssen.

Ein weiterer Aspekt klarer Sprache ist das Verzichten auf mitgedachte Inhalte. **Dein Kind versteht noch keine impliziten Anweisungen**, du musst also klar und konkret ausdrücken, was du möchtest. Ein Beispiel, das ich sehr häufig auf dem Spielplatz beobachte, ist folgendes: Das Kind läuft Richtung Klettergerüst und ein Elternteil ruft *„Pass auf!“* hinterher. Wenn wir mal darüber nachdenken, ist Aufpassen eine recht komplexe Aufgabe. Ich könnte mir vorstellen, dass viele Pass-Aufs ungehört verhallen, weil das Kind sich darunter nur vage etwas vorstellen kann. Was wir Eltern in diesem Moment von unserem Kind wollen, ist, dass es sich gut festhält. Dass es auf seine Schritte und Tritte achtet, wenn es die Kletterwand in Angriff nimmt. Dass es Acht auf die anderen Kinder gibt, schaut ob die Rutsche frei ist, bevor es rutscht. Vielleicht, dass es auf dem kleinen Karussell nicht zu schnell dreht, damit ihm nicht übel wird oder es nicht hinausgeschleudert wird. Es gibt sicher noch weitere Wünsche, Bitten und Forderungen, die oftmals auf diese beiden Worte beschränkt werden. Natürlich möchte ich jetzt nicht, dass du deinem Kind vor dem Spielplatzbesuch einen Vortrag über alle gewünschten, oben beschriebenen Verhaltensweisen hältst. Nur, dass du dein *„Pass auf!“* nach und nach mit konkreter Bedeutung füllst.

Ein weiteres sehr gutes Beispiel, das im Familienalltag für Unmut sorgt, ist die elterliche Forderung *„Geh dein Zimmer aufräumen.“* Auch hier kannst du dein Kind unterstützen, indem du ihm die umfangreiche Aufgabe *Aufräumen* in kleinere konkrete Aussagen auffächerst, die es dann erledigen kann. *„Bring bitte alle Legosteine zurück in die Kiste.“*, *„Stell alle Figuren zurück an ihren Platz im Regal.“* und *„Leere die Papierschnipsel aus deinem Bastelmülleimer in den großen Papiermüllbehälter im Hausgang.“* Umso größer die Aufgabe, umso wichtiger deine konkrete Beschreibung.

Dann ist da noch das Lieblingswort aller Eltern und das Hasswort aller Kinder: **Nein**. Ja gut, ich weiß schon. Wir sagen ja gar nicht einfach so Nein und das macht uns auch keinen Spaß. Aber manchmal geht es nicht ohne. Und dieses manchmal kann auch schon mal öfter sein. Zeitweise benutzen wir das Wort ziemlich inflationär und unsere Kinder schalten auf Durchzug. Abgesehen davon, dass ich einen sparsamen Umgang mit Nein empfehle (vieles lässt sich gut umformulieren, dazu komme ich gleich noch), braucht es noch eine **Steigerungsform**, die deinem Kind klar macht: *„Oh! Jetzt muss ich wirklich hinhören!“* Ist das Nein durch häufigen Gebrauch abgenutzt, brauchst du für die Situationen, die absolut keinen (Ver-)Handlungsspielraum mehr zulassen, ein stärkeres Wort als Nein. Eines, das du wirklich nur selten benutzt und das immer nur dafür verwendet wird, die letzte Grenze aufzuzeigen. Das könnte zum Beispiel *Tabu* oder *Stopp* sein. Für Gefahrensituationen (zum Beispiel im Straßenverkehr) und für Grenzüberschreitungen (zum Beispiel Schlagen im Sandkasten) eignet sich ein solches, stärkeres Wort viel mehr.

SPARSAMER UMGANG MIT NEIN

Es gibt im Alltag einige Momente, in denen wir *„Nein“* oder *„nicht jetzt“* sagen, wo das vielleicht gar nicht unbedingt notwendig wäre. Für einen sparsamen Umgang mit diesen Frustauslösern empfehle ich zwei Dinge:

1. Hinterfrage die gesetzten Grenzen und Regeln immer wieder selbst. Ist es eine wichtige, schützende Grenze oder eine eher willkürliche (im Sinne von „Macht man eben nicht.“)?
2. Formuliere um. Wenn du eigentlich Ja sagen möchtest, aber just in diesem Moment nicht kannst, dann kommunizier das! *„Ja, ich spiele das Spiel mit dir, sobald ich hiermit fertig bin. Bau schon mal auf.“* ist eine ganz andere Botschaft als *„Nein, ich kann jetzt nicht.“* Außerdem übt ihr damit gleich noch Geduld und Impulskontrolle.

Kindgerechte Sprache

In der Kommunikation mit deinem Kind solltest du auf eine leicht verständliche Sprache setzen, ganz besonders dann, wenn dein Kind aufgebracht ist. Vermeide Schachtelsätze und komplizierte Verklausulierungen und beschränke dich auf das Wichtigste. Lieber kurz und knapp, dafür verständlich, als ausufernd und verpufft. Deinem Kind die Welt und deine Handlungen zu erklären, ist wichtig für seine Entwicklung und die Förderung der Kooperationsbereitschaft, passe das aber an die Verfassung deines Kindes an. Ist dein Kind furchtbar aufgebracht, weil ihr nun den Spielplatz verlasst, nutzt es wenig, wenn du lang und breit erklärst, dass es gleich dämmert und du noch Abendessen machen musst und Papa oder Mama gleich nach Hause kommt und, und, und. Im emotionalen Ausnahmezustand sind die Ohren so gut wie dicht. Ein Phänomen, das auch bei uns Erwachsenen beobachtet werden kann. Sind wir richtig wütend, sind wir für rationale Argumente nicht mehr erreichbar.

Das faszinierende an Kindern ist, dass sie viel aufmerksamer und empfänglicher für Gesten und Körpersprache sind als wir. Schon Babys beobachten uns sehr genau und können, noch bevor sie sprechen lernen, über Zeichen kommunizieren. Eine kindgerechte Sprache verwendet daher mehr Körpersprache, als du es vielleicht gewohnt bist. Gerade in Momenten großer Verzweiflung oder Frustration kann dir das helfen, weil du damit eher zu deinem Kind durchdringst. Deine weit für eine tröstende Umarmung geöffneten Arme wird dein Kind eher wahrnehmen als deine Worte *„Komm her, ich tröste dich!“* Heb dir Erklärungen oder Gespräche über Gefühle für ruhige Momente auf, in denen dein Kind aufnahmefähig ist.

ZEICHEN- UND GEBÄRDENSPRACHE

Du kannst bereits mit deinem Baby Zeichensprache lernen, dafür gibt es Kurse, Bücher und Anleitungen. Im Alter von 6 bis 8 Monaten können Babys aufgrund ihrer Konzentration auf Bewegungen, Mimik und Gesten die ersten Zeichen erkennen und selbst gebärden. Ein Beispiel für eine solche Babygebärde ist das wiederholte Öffnen und Schließen der Hand mit abgespreiztem Daumen. Damit kann ein Baby signalisieren, dass es stillen möchte. Die Mutter wiederholt das Zeichen und verknüpft es mit dem entsprechenden Wort, bevor die Handlung folgt.

Fangt ihr zu einem späteren Zeitpunkt an, Zeichensprache zu erlernen, bietet sich die Gebärdensprache an, da sie gleichzeitig inklusiv ist. Versuch doch mal Folgendes: Lass dich in einem Wutanfall deines Kindes neben ihm nieder und gebärde *„Ich liebe dich"*. Dafür zeigst du erst auf dich (*„Ich"*), nimmst dann beide Hände vor der Brust hoch, ballst sie zu Fäusten und überkreuzt die Unterarme. Die überkreuzten Unterarme ziehst du dann an die Brust, als würdest du sie umarmen wollen (*„liebe"*). Deine Mimik ist dabei entsprechend liebevoll. Dann zeigst du auf dein Kind (*„dich"*) und lässt die Geste wirken.

Respektvolle Sprache

Eine respektvolle Sprache verzichtet auf Drohungen, Beschämungen, Unterbrechungen, Auslachen, verletzende Kritik, Ignoranz, Lügen und unfaire Vergleiche. Nun muss man leider erwähnen, dass viele von uns in einer Zeit groß geworden sind, in der nicht sehr respektvoll und achtsam mit oder über Kinder gesprochen wurde. Viele von uns wurden als *Tyrannen, Rotzlöffel, kleine Zicken, freche Gören* oder *verzogene Fratzen* bezeichnet. Man hat sich vor anderen über uns lustig gemacht und peinliche Geschichten geteilt. Scrollt man durch die angesagten Video-Portale, findet man auch heute noch Videos, in denen Eltern ihren Kindern Streiche spielen und deren Angst oder Frust filmen und zur Belustigung vieler anderer ins Internet stellen. Oder „lustige" Videos über tollpatschige Kinderunfälle auf TikTok und Instagram posten. Warum ich das hier so direkt anspreche: Weil ich denke, dass solche Videoaufnahme Zeichen einer Haltung sind, die vergisst oder ausblendet, dass Kinder unseren Respekt und Schutz brauchen und verdienen. Ich sage das, weil ich herausstellen möchte, dass wir auch heute noch achtsam und aufmerksam dafür sein müssen, ob wir wirklich respektvoll mit unseren Kindern umgehen. Denn es ist einfach noch nicht selbstverständlich, Kinder nicht als *Blagen* oder mit ähnlich abwertenden Begriffen zu bezeichnen. Es ist auch immer noch eine gern auf dem Spielplatz weitergegebene Eltern-Weisheit, dass man etwas versprechen kann und dann darauf hoffen soll, dass das Kind es bis zum nächsten Tag vergessen hat. Genauso wie Drohungen (Wenn-Dann-Konstrukte) und Lügen immer noch einen festen Platz im Erziehungseinmaleins haben. Nichts von alledem schreibe ich, um dir ein schlechtes Gewissen zu machen – wirklich nicht! Ich möchte dich für deinen eigenen Sprachgebrauch sensibilisieren. Damit du es besser machen kannst als unsere Vorgängergeneration.

Aktives Zuhören

Zuhören ist nicht gleich Zuhören. Aktives Zuhören benötigt die volle Aufmerksamkeit und die Bereitschaft, sich einzulassen, um die Gedanken und Gefühle des Kindes zu verstehen. Dazu gehört auch, die Perspektive des Kindes und seines Entwicklungsstandes einzunehmen und das Gespräch ohne Ablenkung oder Zeitdruck entstehen zu lassen.

Eine große Herausforderung beim aktiven Zuhören ist es, den gedanklichen Fokus wirklich beim Gegenüber zu behalten, ohne dass die Gedanken zu dem abschweifen, was man noch erledigen muss oder, das ist häufiger in Gesprächen unter Erwachsenen der Fall, dahin, was man als nächstes von sich erzählen könnte. Stattdessen wiederholt man das Gehörte in eigenen Worten oder fasst zusammen, was man verstanden hat. Damit gibt man dem Gesprächspartner oder der Gesprächspartnerin auch gleich die Gelegenheit etwas zu korrigieren, was falsch verstanden wurde. Das ist besonders wichtig in emotional aufgewühlten Situationen. Nehmt euch diesen Grundsatz mit auf die Reise: **Wer die größte emotionale Not hat, spricht als Erstes, das Gegenüber hört aktiv zu und wiederholt das Wichtigste im Anschluss.** Auch in der partnerschaftlichen Kommunikation ist das ein echter Gamechanger. Vorteil dieser Strategie: Aufgewühlte Menschen (Kinder wie Erwachsene) sind furchtbar schlechte Zuhörer*innen. Es ist, als würde uns in solchen Momenten wirklich so laut das Blut in den Ohren rauschen, dass wir nichts hören können. Mit dem aktiven Zuhören bietet man Raum für die heftigen Emotionen und Zeit, damit sie verrauchen können. Indem man als Zuhörer*in mit der Aufmerksamkeit beim Gegenüber bleibt, vermeidet man auch, sich von den Gefühlen anstecken zu lassen. Die fokussierte Aufmerksamkeit vermittelt unseren eigenen Gefühlen die Botschaft: Das sind nicht unsere Gefühle, dieser Sturm hat nichts mit uns zu tun, wir können entspannt bleiben.

Verstärkende (non)verbale Signale

Nutze deine verschiedenen Kanäle, um deinem Kind zu signalisieren, dass du ganz bei ihm bist und ihm zuhörst. Dir stehen dein Körper, deine Mimik und deine Stimme zur Verfügung, um den Redefluss zu fördern:

- Wende dich ihm mit deinem Körper aktiv zu, denn die Profilansicht und der Rücken wirken unbewusst ablehnend. Es heißt nicht umsonst „die kalte Schulter zeigen“. Eine offene und zugewandte Körperhaltung lädt ein, sich zu öffnen.

- Dein Blickkontakt signalisiert deine Aufmerksamkeit und dein Interesse. Augenkontakt kann gleichzeitig der Zugang zur Aufmerksamkeit des Gegenübers sein.
- Hört dein Kind dir gerade nicht zu und du wiederholst dich immerzu, kann es helfen, kurz echten Kontakt herzustellen. Das gelingt dir, indem du durch eine Berührung (zum Beispiel an der Schulter) und Augenkontakt sicherstellst, dass du gesehen wirst. Diesem Moment der Verbindung kann dann aufmerksames Zuhören folgen.

AUGENKONTAKT VERMEIDEN

Augenkontakt hilft dir, wenn du gehört werden möchtest, denn er sichert dir die Aufmerksamkeit deines Kindes. Außerdem signalisierst du damit, dass deine Aufmerksamkeit ganz bei ihm ist. Es kann aber Gelegenheiten geben, in denen es sich anbietet, Augenkontakt zu vermeiden. Zum Beispiel wenn dein Kind dir etwas erzählen möchte, was ihm augenscheinlich unangenehm ist. Vielleicht bemerkst du, dass es deinem Blick ausweicht. Es ist nicht ungewöhnlich, dass es uns leichter fällt, etwas beispielsweise Peinliches zu teilen, wenn man sich dabei nicht in die Augen schaut. Schaut dann einfach in die gleiche Richtung, während ihr euch behutsam unterhaltet.

- Zustimmendes oder ermunterndes Nicken eignet sich sehr gut, um einen Moment des Schweigens zu überbrücken. Damit lässt sich das Schweigen auch gleich besser aushalten.
- Auch eine mitfühlende Berührung, zum Beispiel ein Streichen über den Rücken oder den Oberarm, kann deinem Kind dein Mitgefühl und deine Annahme vermitteln.
- Einsilbige Äußerungen wie *„Achso?“*, *„Ok.“*, *„Hmm.“ “Ich verstehe.“*, *„Ohje!“*, *„Erzähl!“*, *„Oh nein!“*, *„Echt?“* und *„Oh.“* zeigen deinem Kind: *„Ich bin da, höre zu und nehme Anteil.“*

Das tun sie, indem sie einfach für sich stehen und Raum für mehr lassen. Sie öffnen die Tür für die Fortsetzung dessen, was dein Kind gerade erzählen möchte. Schauen wir uns ein Beispiel an:

„Heute hat mich Frau Wiest geschimpft, Mama."

„Achso? Hast du schon wieder nicht beim Aufräumen geholfen?"

„Nein! Gar nicht! Ach ..."

„Ja was denn dann? Hast du was kaputt gemacht?"

„Nein! Ich hab' nichts kaputt gemacht! Das war ich gar nicht!"

Am Ende ist das Kind wütend und verletzt und will nicht weiterreden, worauf die Mutter wütend wird, weil sie wissen will, was los war. Aus der Kontaktaufnahme wurde ein Konflikt.

Auch denkbar gewesen wäre folgender Ablauf:

„Heute hat mich Frau Wiest geschimpft, Mama."

„So?"

„Ja ... Es ist was kaputt gegangen."

„Oh."

„Aber ich war das gar nicht. Eigentlich war das Peter, aber der hat sich versteckt und Frau Wiest hat gar nicht zugehört, die hat sofort losgeschimpft."

„Oh man ..."

„Das hat mich so geärgert, Mama!"

„Das fandst du ungerecht, stimmt's?"

„Ja, total gemein!"

Durch die abwartenden, kurzen Äußerungen wurde dem Kind die Tür geöffnet, die Geschichte zu erzählen, während sie im ersten Beispiel durch die voreingenommenen Annahmen direkt wieder zugestoßen wurde. Im zweiten Beispiel entwickelt sich ein Gespräch, bei dem die Mutter die Gefühle ihres Kindes in andere Worte kleidet. Damit signalisiert sie, dass sie verstanden hat, worum es geht, und gibt ihrem Kind unter Umständen auch noch neue Worte, um das Erlebte zu beschreiben.

Spielerische Eltern-Kind-Kommunikation – So geht's!

Du weißt nun, was es braucht, damit dein Kind sich dir öffnet und dir zuhört. Du hast seine Sprache und seine Welt kennengelernt, damit du auf Augenhöhe mit ihm in Kontakt treten kannst. Jetzt ist es an der Zeit, mit diesem Wissen aktiv zu werden – die gelernte Sprache auch zu sprechen. Mithilfe der Spiel-Impulse auf den kommenden Seiten wird dir das gelingen.

UNSERE BRÜCKE, UNSER SPIEL – VON QUATSCH MIT SOSSE UND QUIZSHOWS

Jetzt geht's ans Eingemachte! Oder besser gesagt: ans Spielen. Denn Kinder spielen für ihr Leben gern. Spielen ist leben lernen. Sie erfahren und erkunden dabei ihre Umwelt, erwerben und verfestigen motorische und geistige Fähigkeiten, lösen Probleme und suchen Nähe. Die Begeisterung deines Kindes für das Spiel kannst du nutzen, um mit ihm in Kontakt zu treten, es besser kennenzulernen oder verfahrene Situationen zu retten. Dafür findest du hier 44 spielerische Ideen. Viel Spaß!

Bevor du ganz in die Spiele eintauchen kannst und dir die Impulse aussuchst, die für eure Situation gut passen, die euch besonders Spaß machen oder die ihr einfach mal ausprobieren wollt, gebe ich dir noch ein paar Hinweise mit: Welche Spiele eignen sich für welche Situation besonders? Und was sind die besonderen Stärken bestimmter Ideen?

Das können die Spiele

Neben den Überschriften der kommenden Spielimpulse begegnen dir bestimmte Symbole immer wieder. Sie zeigen dir, was das jeweilige Spiel besonders gut kann. Möchtest du also den Fokus eurer spielerischen Interaktion auf ein bestimmtes Thema – Bindung, Kommunikation oder Konfliktlösung – legen, dann halte nach dem entsprechenden Symbol Ausschau.

Kommunikative Spiele

Du bist neugierig auf die Gedankenwelt deines Kindes? Oder darauf, was es den ganzen Tag so erlebt hat? Du möchtest, dass ihr mehr in den Austausch kommt, oder willst deinem Kind bei der Regulation seiner Gefühle helfen? Dann sind die Spiel- und Gesprächsideen, die mit **einer Sprechblase** gekennzeichnet sind, genau das Richtige für dich. Dort findest du zum einen Impulse dafür, wie du Situationen gestalten kannst, um mit deinem Kind ins Gespräch zu kommen. Zum anderen gibt es Ideen dafür, wie du spielerisch, ohne Verhörmethoden, mehr über dein Kind erfährst. Jede einzelne ist ein Türöffner in die Welt deines Kindes. Ihr werdet lernen, euch über eure Gedanken und Gefühle so auszutauschen, dass sich jede*r gehört, verstanden und in seiner beziehungsweise ihrer Welt abgeholt fühlt. Lerne mithilfe dieser Anregungen die Sprache deines Kindes, während du gleichzeitig seine sprachliche Entwicklung unterstützt. Außerdem findest du Anregungen für die Gesprächsführung über besondere Themen, wie Konflikte, Probleme, Trennung und Tod unter diesem Icon.

Diese Spiele findest du auf den Seiten → 82, 88, 92, 96, 98, 100, 102, 104, 106, 108, 112, 114, 118, 120, 128, 130, 132, 134, 138, 140, 142, 144, 148, 150, 152, 154, 156, 158, 162, 164, 166, 168, 170, 172

Bindungsstärkende Spiele

Die mit einem **herzförmigem Bindungsband** gekennzeichneten Spiele und Inspirationen bringen dich deinem Kind näher, indem sie sich auf eure Verbindung und das gegenseitige Kennenlernen konzentrieren. Spiel, Spaß und Lachen sind ein wundervoller Weg, Nähe anzunehmen und zu schenken. Bindung ist ein nie endender Prozess, ein Wechselspiel aus Nähe und Distanz. Wenn du aufmerksam für die Spielangebote deines Kindes bist, ist das schon die halbe Miete. Die andere Hälfte sind deine Angebote und deine offene und zugewandte Haltung, wenn es um die Bedürfnisse deines Kindes geht. Dem Blick auf diese Spiele liegen Überlegungen der Bindungstheorie zugrunde, die kindliche Bedürfnisse wie Nähe und Sicherheit, aber auch Unabhängigkeit und die Entdeckung der Welt berücksichtigen. Anregungen aus dieser Kategorie helfen dir dabei, dein Kind auf Augenhöhe und auch durch Krisen zu begleiten und geben dir das Werkzeug an die Hand, euren Bindungstank nach Streit oder Trennung wieder zu füllen. In Sachen Bindung, Beziehung und Leichtigkeit im Miteinander können diese Spiele wahre Wunder wirken.

Diese Spiele findest du auf den Seiten → 82, 84, 88, 96, 104, 106, 108, 112, 114, 118, 120, 122, 124, 126, 128, 130, 132, 134, 138, 140, 142, 144, 146, 148, 150, 154, 156, 158, 162, 168, 170, 172

Gamechanger

Wörtlich genommen sind das die Spiele, die das Spiel verändern. Wie passend! Denn unter dem **U-Turn-Pfeil** findest du Strategien, die eine Situation, also ihren Verlauf, maßgeblich verändern können. Das „Spiel“, wie ihr es bisher in einer konflikthaften Lage gespielt habt, wird mit diesem Impuls verändert. Diese Anregungen helfen, eingefahrene Muster zu durchbrechen und Alltagssituationen, die immer und immer wieder zu Streit und Auseinandersetzung führen, aufzubrechen. Welcher Gamechanger zu welcher Situation passt, erfährst du direkt im Anschluss. Mit diesen Impulsen findet ihr zurück vom Gegeneinander zum Miteinander, denn sie erhöhen die Kooperationsbereitschaft deines Kindes. Eltern, die auf Schimpfen, Drohen, Strafen aber auch Belohnungen und Lockmittel verzichten möchten, stehen meist drei Wege zur Verfügung, ihr Kind zur Mitarbeit zu bewegen: Sie erklären, warum etwas notwendig ist, sie bieten kleine Wahlmöglichkeiten an, um die Selbstbestimmung des Kindes zu aktivieren, oder sie machen ein Spiel daraus. Eine Kombination aus diesen drei Wegen ist die langfristig sinnvollste, allerdings in konfliktreichen Situationen nicht immer umsetzbar, da Zuhören in einem emotional aufgewühlten Zustand schwerfällt. Für diese Situationen sind die Gamechanger gedacht.

Diese Spiele findest du auf den Seiten → 82, 86, 88, 92, 94, 100, 104, 106, 110, 112, 116, 120, 122, 124, 126, 130, 132, 134, 146, 148, 150, 152, 154, 156, 160, 164, 166, 168, 172

Das richtige Spiel finden

Viele der Ideen, die du in diesem Buch findest, passen in mehr als eine Kategorie. Sie helfen auf mehreren Ebenen eurer Beziehung. Blättere ganz in Ruhe durch und finde heraus, was dich anspricht und was zu euch passt, wenn du keine spezifische Fragestellung im Kopf hast.

Du suchst ganz gezielt nach Ideen für eine bestimmte Situation, in der euch im Familienalltag die Leichtigkeit fehlt? Dann hilft dir die folgende Übersicht weiter. Hier findest du einige der gängigen Alltagsherausforderungen und dazu passende Gamechanger-Impulse.

- Die Ideen, die unter **Redemuffel** aufgelistet sind, helfen, wenn es euch wirklich schwerfällt, ein Gespräch überhaupt erst zu starten.
- Die Kategorie **Kooperation** steht für die vielen unterschiedlichen Konfliktsituationen, die das Leben mit deinem Kind parat hält: Es möchte nicht Zähne putzen, sich nicht die Windel wechseln lassen oder sich umziehen, es möchte die Medizin nicht nehmen oder sich nicht untersuchen lassen. Die Impulse aus dieser Kategorie helfen dir, spielerisch mit dem Widerstand deines Kindes umzugehen und es dazu zu bringen, mitzumachen.
- Stellt das abendliche Zubettgehen bei euch ein Problem dar, helfen euch die Impulse aus dem Feld **Einschlafbegleitung.**
- Im Bereich **Geschwisterkonflikte** findest du Spiele und Anregungen, die entweder helfen, dein großes Kind auf die Geburt des Geschwisterchens vorzubereiten, ihm beim Umgang mit seiner neuen Rolle zu helfen oder beim Moderieren echter Streitigkeiten.
- Gamechanger, die mit dem Hinweis „Perfekt für: **Gefühlsstürme“** versehen sind, unterstützen dich dabei, deinem Kind in großer emotionaler Not beizustehen und es in seiner Fähigkeit, mit starken Gefühlen umzugehen, zu fördern.
- Ähnliches gilt für die Spielanregungen, die für **Ängste** geeignet sind.
- Da sich Kinder in diesem Alter nicht nur mit starken Gefühlen, sondern auch mit Übergängen schwertun, findest du im Bereich **Übergänge** Strategien, die dir und deinem Kind helfen, diese entspannt zu meistern. Unter Übergängen versteht man nicht nur den Übertritt in eine neue Lebensphase, also zum Beispiel von der innerfamiliären Betreuung in ein Betreuungseinrichtung, sondern beispielweise auch das alltägliche Verlassen des Hauses, jeden Ortswechsel und auch das unfreiwillige Beenden einer Tätigkeit, um etwas anderes zu tun. Es gibt viele Möglichkeiten, dein Kind dabei zu unterstützen und mehr Leichtigkeit in diesen Übergangssituationen zu schaffen.

Redemuffel

Kooperation

Einschlafbegleitung

Geschwisterkonflikte

Gefühlsstürme

Ängste

Der Alleskönner: Rollenspiele	S. 88
Erzähl mal ...	S. 92
Vorlesen	S. 120
Bis wir uns wiedersehen ...	S. 122
Klassiker I: Verstecken	S. 126
Wicke und die starken Eltern	S. 134
Unsere tierische Familie	S. 148
Bilder im Kopf	S. 166

Übergänge

Quatsch mit Soße	S. 94
Zusammen schaffen wir das!	S. 106
Mission Banane	S. 110
Vorlesen	S. 120
Bis wir uns wiedersehen ...	S. 122
Klassiker I: Verstecken	S. 126
Klassiker III: Reime & Fingerspiele	S. 130
Traumreise	S. 146
Tierparade	S. 168

Mein Tag, dein Tag

WO? überall | **IHR BRAUCHT:** nichts | **PERFEKT FÜR:** Redemuffel

- *„Nie erzählt mir mein Kind was."*
- *„Immer muss ich ihm alles aus der Nase ziehen."*
- *„Noch in der Garderobe im Kindergarten hat sie alles vergessen. Ich bekomme dann nur noch ‚weiß nicht' als Antwort."*

Diese und viele weitere frustrierte Äußerungen habe ich schon oft von Eltern gehört. Du selbst hast so etwas vielleicht auch schon zu einem anderen Elternteil oder zu deiner Partnerperson gesagt. Oder zumindest gedacht. Wieso nur ist es so schwer?

Nun, zum einem stellen wir Eltern unsere Fragen (*Wie war dein Tag? Was hast du gespielt? Wie war der Kurs? Was gab es zum Essen?* und viele mehr…) meist im Anschluss an Situationen, die unseren Kindern einiges abverlangt haben. So ein Vormittag oder Tag in der Kinderbetreuungseinrichtung ist laut und anstrengend, das Kind musste teilen, sich anpassen und kooperieren. Das ist mühsam. Was sich oft auch in den Dramen in der Garderobe oder auf dem Nachhauseweg zeigt. In dieser Lage hat dein Kind meist nichts mehr zu geben. Genau hier setzen wir Eltern mit unserem „Verhör" an. Wenn das mal kein schlechtes Timing ist. Und dann stellen wir auch noch so vage Fragen, dass unklar ist, was wir eigentlich wissen wollen. Mal ganz ehrlich: Auf die Frage *„Wie war dein Tag?"* ist *„Gut."* eigentlich eine vollständige Antwort. Du wolltest eine Bewertung, hier bitte, da hast du sie. Sie stellt dich nicht zufrieden? Kann ich gut verstehen!

Mach selbst den Anfang. Erzähl von deinem Tag, und zwar so, wie du es dir von deinem Kind wünschst. *Wie war dein Tag, was hast du gemacht? Was war toll, spannend, lustig, herausfordernd, doof,* *anstrengend? Wen hast du getroffen? Woraus besteht deine Arbeit eigentlich?* Du glaubst, das interessiert dein Kind nicht, ist doch nur langweiliger Erwachsenenkram? Dann versuch, es kindgerecht zu beschreiben oder vielleicht sogar eine Parallele zu etwas zu ziehen, was dein Kind gerne tut. Lass dich überraschen. Dein Kind findet es vielleicht spannender, etwas über deinen Alltag zu erfahren, als du denkst. Sei ein Vorbild, denn so kannst du deinem Kind zeigen, wie der Austausch aussieht, den du dir wünscht. Gleichzeitig lernt dein Kind andere Seiten von dir kennen. Mit dem Bonus, dass dein Kind erstmal Zeit hat, sich zu entspannen und nicht gleich wieder „abliefern" muss.

Und was dann? Wenn du spürst, dass du die Aufmerksamkeit deines Kindes hast, stelle Brückenfragen. *„Ich habe heute viel mit Simone zusammengearbeitet. Mit wem hast du heute gespielt?"*, *„Ich musste heute ganz viele Briefe schreiben, einpacken und verschicken. Das war ein Gebastel! Habt ihr heute auch gebastelt?"* Verknüpfe eure Welten und stelle Fragen, die es deinem Kind leicht machen, darauf eine Antwort zu finden.

RATESPIEL

Die Fragen danach, was dein Kind gemacht hat, bleiben unbeantwortet? Dann starte ein Ratespiel und rate drauf los, was dein Kind wohl gemacht hat, als es im Kindergarten war. Es selbst darf raten, was du heute getan hast. Jede*r darf so oft raten, bis er oder sie ein Nein bekommt, dann ist der oder die andere dran. Wechsle bei deinen Mutmaßungen zwischen echtem Raten (*„Ich rate, dass du heute im Garten spielen warst!"*) und Quatsch (*„Bestimmt bist du heute auf einem Dino geritten, stimmt's?"*), um dein Kind zum Lachen zu bringen. Dein Kind wird gespannt sein, auf was für absurde Ideen du noch kommst, und weiterspielen wollen.

Unsere Zeitreise

WO? **Ort deiner Kindheit** | **IHR BRAUCHT:** **Spielzeug aus deiner Kindheit**

Ein wichtiger Baustein von Bindungsaufbau ist es, als Eltern für unser Kind erfahrbar zu sein. Unser Kind möchte uns kennen(lernen), unsere Grenzen spüren, uns einschätzen können. In der Regel sind Kinder sehr neugierig auf das, was wir von uns erzählen. Besonders spannend: unsere Kindheit! Kaum zu glauben, dass Mama und Papa auch mal klein waren, auch in den Kindergarten gegangen sind, auch keinen Spinat mochten und gerne Grassuppe gekocht haben. **Erzähl von deinen Erinnerungen, suche die Ähnlichkeiten und die Unterschiede im Damals und Heute**. Das verbindet gleich nochmal auf einer anderen Ebene. **Mit einem Gegenstand, einem Spiel oder einem Spielzeug aus deiner Kindheit kannst du deine Vergangenheit für dein Kind noch greifbarer gestalten**. Und der Bonus? Während ihr in deine Kindheit reist, habt ihr noch richtig viel Spaß zusammen. Lachen verbindet, genauso wie Geschichtenerzählen. Diese Geschichten dienen dir als Brücke in die Lebenswelt deines Kindes, so wie sie deinem Kind eine Brücke in deine Realität bauen. Die Geschichten aus deiner Vergangenheit sind kleine Puzzleteile, die das Bild in seinem Kopf erweitern.

KEIN SPIEL(-ZEUG) VON DAMALS AUFGEHOBEN?

Vielleicht kann man es noch kaufen und ihr sucht gemeinsam Gebrauchtwarenbörsen und Flohmärkte danach ab. So kann die Vorbereitung zur Zeitreise schon ein Abenteuer werden. Dafür eignen sich Flohmärkte sowieso ganz besonders.

Alternativ oder zusätzlich könnt ihr Orte besuchen, an denen du als Kind gerne warst. Ein Urlaubsort, an den du sehr schöne Erinnerungen hast oder ein Spielplatz, auf dem du als Kind oft gespielt hast. Auf welchem Feldweg hast du Fahrrad fahren gelernt? In welchem See schwimmen? Wo hast du dir damals das Bein gebrochen, wovon man die kleine Narbe noch sehen kann? Wenn es Fotos von dir an diesen Orten gibt, dann nehmt sie mit und sucht die Stelle, an der das Foto gemacht wurde. Und dann? Macht ein gemeinsames Foto und klebt es zusammen mit dem alten ins Fotoalbum!

DAMALS-UND-HEUTE-FOTOALBUM

Falls es dir geht wie mir und du jede Menge lose Fotos in kleinen Schachteln aus deiner Kindheit hast, dann ist jetzt der Moment, in dem du dich darüber freuen kannst. Denn sie eignen sich perfekt für ein Damals-und-Heute-Fotoalbum mit deinem Kind. Stellt Fotos von damals nach, besucht die Orte aus deiner Kindheit und macht dort ein neues Foto – schon wächst euer Projekt „Zeitreise".

Wenn du seit deiner Kindheit umgezogen bist, dann ist das eine gute Gelegenheit für einen Ausflug unter dem Motto „Auf den Spuren von Mamas/Papas Kindheit". Lass dich darauf ein, wenn dein Kind dein Leben erforscht und du selbst nochmal in deine Kindheit eintauchst. In unserem Alltag als Erwachsene haben unsere eigene Kindheit und die Dinge, die wir damit verbinden – Sorglosigkeit, Freundschaft, Spiel u. v. m. – kaum noch Platz. All das ist unseren Verpflichtungen, To-do-Listen, Sorgen und Nöten gewichen. Warum nicht ein wenig-Freude und Sorglosigkeit zurückerobern. Dein Kind zeigt dir den Weg.

Okay, dann anders

WO? überall | **IHR BRAUCHT:** evtl. Kärtchen | **PERFEKT FÜR:** Kooperation

„Okay, dann anders" ist in vielen Eltern-Kind-Konflikten DER Satz, der fällt, wenn die Geduld weg ist, sanftes Zureden nichts gebracht hat und Eltern, oft aus Hilflosigkeit, beschließen, jetzt „andere Saiten aufzuziehen". Diese anderen Saiten heißen in der Regel „Härte" und „Strenge". Ich möchte dich dazu einladen, diesen Satz künftig mit einer neuen Bedeutung zu versehen. Er kann für euch und eure Konflikte auch ein Gamechanger sein, denn er signalisiert auch: *„So, wie ich es bisher versucht habe, war ich nicht erfolgreich. Ich brauche einen anderen Weg."*

Damit du diesen zulassen kannst, müssen wir an dieser Stelle noch kurz über zwei Glaubenssätze sprechen, die viele Eltern im Kopf haben: *„Kinder brauchen Rituale/Struktur"* und *„Wenn ich meinem Kind nachgebe, tanzt es mir künftig auf der Nase herum."* Beides kann man so pauschal nicht sagen. Weder stimmt das für alle Kinder noch für alle Situationen. Es mag für das eine Kind beispielsweise wichtig sein, dass die Abende gleich ablaufen, weil es im müden Zustand mit Abweichungen vom Gewohnten schlechter umgehen kann. Dafür ist es spontan und flexibel, was die Morgenroutine angeht, weil es dann ausgeruht ist. Ich glaube, besonders bei eher unleidigen Themen wie Zähneputzen, Haarekämmen, Umziehen, Aufräumen usw. darf es gerne weniger enge Struktur und viel mehr Spaß und Abwechslung sein. Das Festhalten am gewohnten Fahrwasser blockiert unsere Kreativität und Problemlösefähigkeit. Dann verharren wir im Konflikt, weil wir beispielsweise darauf bestehen, dass unser Kind im Bad die Zähne putzt. **Der Gamechanger: ausbrechen!** Ausbrechen aus dem *business as usual*, aus der Konfliktschleife. Das ist kein Nachgeben, das ist Flexibilität. Die Bereitschaft, auf dein Kind und seine Bedürfnisse einzugehen. Das ist ein soziales Miteinander, in dem Macht und Durchsetzen mit Biegen und Brechen keinen Platz haben.

Wie das geht? Mit „Okay, dann anders!“ Anders im Sinne von „Wo?“, „Wie?“ oder „Wer?“ Wo putzt ihr heute die Zähne? In der Deckenhöhle? Einbeinig auf dem Stuhl, geht das denn? Ganz gemütlich im Bett? Nimm ein kleines Handtuch mit und leg es unter das Kinn – Tada: keine Zahnpasta auf dem Kissen. Oder hilft heute die Stofftierfamilie mit? Der kleine Stegosaurier wollte schon immer mal wissen, wie man eigentlich bei kleinen Menschlein Haare kämmt – damit kennt er sich nicht aus, er hat ja keine Haare! **Erlaubt ist, was Spaß macht!** Putzt, kämmt und esst, wo es euch gefällt, seid dabei, wer ihr schon immer mal sein wolltet, und lasst euch von lauter Musik oder sanftem Meeresrauschen begleiten. Wenn du merkst, dass dein Kind in einer für es unangenehmen Situation nicht kooperieren mag, dann hilf ihm, indem du die Situation mit einer Portion Spaß würzt. Keine Ideen parat? **Sammelt Orte, Rollen, Helfer und lustige Verhaltensweisen auf Kärtchen**, mischt einmal gut durch und lass dein Kind vom Stapel ziehen. So muss keiner von euch grübeln.

ELTERLICHE VERLÄSSLICHKEIT

Wenn wir davon sprechen, dass Kinder Rituale und Struktur brauchen, meinen wir damit eigentlich das kindliche Bedürfnis nach Sicherheit und Vorhersehbarkeit. Für ein sicheres Gefühl brauchen Kinder aber nicht unbedingt gleichbleibende Orte oder Abläufe, sondern viel mehr vorhersehbare Reaktionen und Verlässlichkeit in der Fürsorge. Kurz gesagt: Dein Kind wird sich bei dir nicht weniger sicher fühlen, weil du den Ort des Zähneputzens geändert hast, wenn du ihm trotzdem wie gewohnt zugewandt bleibst.

Der Alleskönner: Rollenspiele

WO? überall | **IHR BRAUCHT:** Verkleidungen, Arztkoffer, Spielküche, Alltagsgegenstände, Puppen u.v.m. | **PERFEKT FÜR:** Redemuffel, Kooperation, Ängste, Geschwisterkonflikte

Rollenspiele können auf so viele verschiedene Arten gespielt werden, dass man dazu ein ganzes Buch schreiben könnte. Im Grunde geht es dabei einfach um das Übernehmen einer anderen Rolle, wie zum Beispiel die Rolle der Mutter oder des Vaters. Aber unter der Oberfläche sind Rollenspiele so viel mehr! Besonders beliebt sind: Superheld*in, Reiter*in, Feuerwehr, Polizei, Detektiv*in, Pirat*in, Kaufmannsladen, Restaurant, Puppeneltern, Forscher*in, Bauarbeiter*in und Arzt bzw. Ärztin. Und natürlich Tiere in allen Formen und Größen. Manchmal vermenschlichen Kinder auch Gegenstände und weisen ihnen eine Rolle zu. Dann können noch die Situationen, der Handlungsstrang, die Regeln, die Probleme und die Fähigkeiten der einzelnen Figuren variieren. **Alles ist möglich!** Sie planen Geschichten, erschaffen Probleme und erarbeiten Lösungen.

Häufig kannst du anhand der Rollen, die dein Kind spielt, einiges darüber erfahren, was es gerade beschäftigt. Es wählt intuitiv den Weg des Rollenspiels, um etwas zu verarbeiten und zu verinnerlichen. Das wird dann deutlich, wenn es eine Szene sehr oft wiederholt. Unterbrich selbst initiierte Rollenspiele nach Möglichkeit nicht. Ist dein Kind in ein Rollenspiel mit Stofftieren oder Ähnlichem vertieft, bleib stille*r Beobachter*in, außer du wirst eingeladen und dir wird eine Rolle zugewiesen. Steckt dein Kind wieder und wieder in der gleichen Szene und findet keine Lösung, scheint es einen Konflikt oder ein Problem zu geben, für das dein Kind noch keine Lösung finden kann. Die Weiterverarbeitung hat sich an diesem Punkt aufgehängt.

Biete in diesem Fall gerne an, eine Rolle zu übernehmen und bringe einen möglichen Lösungsansatz ins Spiel ein.

Das Rollenspiel ist der Alleskönner unter den Spielen, was auch erklärt, warum die allermeisten Kinder ab dem dritten Lebensjahr mit großer Begeisterung Rollen tauschen, Szenen nachspielen und sich in Superheld*innen oder Eltern verwandeln. **Rollenübernahme ist ihre Art, zu lernen, unsere Welt zu begreifen.** Leider ist es nicht unbedingt der Favorit unter den Spielen, wenn man Eltern fragt. Rollenspiele sind ihnen „zu doof" oder „zu mühsam" oder sie können nicht so gut mitmachen, fühlen sich nicht wohl damit. Falsche Scham und ein fehlgeleiteter Leistungsgedanke hemmen die Bereitschaft, sich darauf einzulassen. Mangelnde Zeit tut ihr Übriges dazu. Wenn es dir genauso geht, dann motiviert dich vielleicht die folgende Übersicht darüber, was Rollenspiele alles können.

Rollenspiele …

- bauen Stress und Ängste ab.
- helfen dabei, unangenehme oder ängstigende Situationen bzw. Gedanken zu verarbeiten und innere Konflikte auszuleben.
- bringen euch näher, stärken eure Bindung.
- helfen beim Lernen und Erproben neuer Fähigkeiten oder dem Lösen von Problemen.
- fördern die Selbstwirksamkeit und das Autonomiestreben.
- helfen deinem Kind dabei, Regeln und Grenzen zu erproben und zu verinnerlichen.
- schulen Perspektivenübernahme, Empathie und Sozialverhalten.
- fördern verbale und nonverbale Kommunikation.
- können dein Kind auf unbekannte Situationen vorbereiten.

Wie gesagt: ein Alleskönner. Noch Zweifel? Dann verrate ich dir noch etwas: Rollenspiele sind Gamechanger auf dem Silbertablett.

Rollenspiele als Gamechanger

Immer wieder Streit beim Anziehen? Zähneputzen? Wiederkehrende Ängste? Weinen und Anklammern beim Abgeben in der Kita? Das Rollenspiel kann dir hier helfen. Es eröffnet dir einen kompletten Werkzeugkasten voller Möglichkeiten, dein Kind in diesen Situationen zu erreichen und zu unterstützen. Was du dafür tun musst? Deine Erwachsenenbrille abnehmen, durch die du die Welt in ihrer Logik und Funktionsweise betrachtest, und die Augen für eine Welt voller Magie, Wunder, sprechender Hunde, fliegender Superheld*innen und brüllender Dinos öffnen. Wenn DU in der Situation nicht zu deinem Kind durchkommst, dann vielleicht dein Alter-Ego Dr. Quatscholopolus, die sprechende Zahnbürste, der wuselige Ärmel oder dein magischer Zwilling, der versucht, Zaubersprüche zu reimen.

GUT VORBEREITET

Unsere Kinder erleben ständig erste Male. Manche von ihnen sind mit großer Freude, andere mit großer Unsicherheit und Angst verbunden. Einige mit einer Mischung aus beidem. Besonders wenn dein Kind in einem Alter ist, in dem du ihm noch nicht gut erklären kannst, warum etwas so ist, wie es ist (zum Beispiel bei Impfungen), können dir Rollenspiele helfen, es auf eine bevorstehende Situation vorzubereiten. Den Arzt- oder Zahnarztbesuch spielen, dich vom Kind untersuchen lassen, die Übergabe im Kindergarten oder einen Friseurbesuch nachspielen. Das Rollenspiel gibt deinem Kind die Möglichkeit, seine Handlungsfähigkeit für genau diese Situation zu stärken. Auch Grenzen-Setzen und Nein-Sagen lässt sich mit deinem Kind sehr gut im Rollenspiel üben.

In deinen Schuhen gehen

Eine besondere Form des Rollenspiels ist der **Rollentausch**. Hierbei wird keine erfundene Rolle eingenommen, sondern die Rolle mit einem Familienmitglied getauscht. Dadurch kann man die Welt durch dessen Augen sehen oder mal ein paar Meter in dessen Schuhen gehen. Buchstäblich. Dieser bewusste Perspektivenwechsel ist sehr wertvoll für die Empathieentwicklung und gegenseitiges Verständnis. Symbolisiert dabei den Rollentausch mit einem charakteristischen Kleidungsstück oder den Schuhen des anderen, das hilft, besser in der Rolle zu bleiben. Tauschen Eltern und Kinder die Rollen, kehrt sich für diesen Zeitraum – zum Beispiel für eine Stunde – das Machtverhältnis um. Das ist für dein Kind dann besonders wertvoll, wenn es davor in seiner Selbstbestimmung eingeschränkt worden war. Das kann nach einem Arztbesuch oder zu Beginn der Eingewöhnung in den Kindergarten sein, wenn sehr viel Kooperation von deinem Kind gefordert wird.

Auch für dich als Elternteil kann der Rollentausch eine sehr wertvolle Erfahrung sein. Es erinnert dich vielleicht daran, wie doof es sich anfühlt, wenn man für Süßigkeiten um Erlaubnis fragen muss. Daran, wie du dich selbst als Kind gefühlt hast. Das rückt schon so einiges in ein anderes Licht. Biete doch den Rollentausch mal in einer verfahrenen Situation an, zum Beispiel wenn dein Kind sich weigert, die Zähne zu putzen, und lass stattdessen dir von deinem Kind die Zähne putzen. Wenn du in dich hineinhorchst, fühlt sich das nicht nur deshalb unangenehm an, weil dein Kind sich dabei vielleicht nicht sehr feinfühlig anstellt (was der sich noch entwickelnden Feinmotorik geschuldet ist). Diese Erfahrung ist auch irgendwie unangenehm, weil du natürlich schon selbst deine Zähne putzen kannst und gerade nicht darüber bestimmen darfst, wie es gemacht wird. So geht es deinem Kind ganz oft.

Erzähl mal …

WO? überall | **IHR BRAUCHT:** Stofftier, Handpuppe, Socke | **PERFEKT FÜR:** Redemuffel, Ängste

Auf Kinder muss es manchmal so wirken, als wüssten wir Erwachsenen eh schon alles. Immerhin sind wir es, die offenbar auf alle Fragen eine Antwort haben. Warum sollten sie uns da ihren Tag schildern? Oder wir haben schon (zu) oft die gleiche Frage gestellt und die Gespräche verlaufen irgendwie uninspiriert und eintönig ab. Gewohnheitsfallen dieser Art lassen sich durch einen kleinen Trick durchbrechen: **Du ersetzt dich!** Und zwar durch eine Handpuppe, das Lieblingsstofftier oder eine sprechende Socke mit lustigen Wackelaugen, der du deine verstellte Stimme leihst. Die Stimme verstellen kann übrigens jede*r. Am leichtesten tust du dich, wenn du höher oder tiefer sprichst.

Die Puppe oder Socke kann auf lustige, einfühlsame oder ernste Art und Weise deine Stelle einnehmen und das Kind in ein Gespräch verwickeln. Vielleicht gibt es eine kuschelige Stellvertretung, die das Kind aufmuntert, wenn es traurig ist. Oder eine, die besonders neugierig ist und mit Antworten gefüttert werden muss. Oder eine verschwiegene, die sehr gut zuhört, mit viel Nicken den Gesprächsfluss fördert und mit dem dein Kind seine Sorgen besprechen kann. Je nachdem, für welche Situation du gerne Unterstützung hättest, kannst du einen fixen Stoff-Ansprechpartner etablieren, der immer wieder auf den Plan tritt, wenn du oder dein Kind ihn braucht. Ist die Handpuppe besonders ausdrucksstark – und wenn wir ehrlich sind, dann übertreiben es Handpuppen eigentlich immer ein bisschen – dann lernt dein Kind auch noch etwas über nonverbale Kommunikation.

So hauchst du der Handpuppe/Socke Leben ein:

- zustimmend nicken und ablehnend den Kopf schütteln; Kopf schräg legen, um Interesse und Aufmerksamkeit zu signalisieren
- tröstend ankuscheln, anschmiegen, tätscheln
- den Mund vor Ekel verziehen, traurig nach unten ziehen, erschrocken aufreißen, gerührt zu einem O formen, hungrig damit schmatzen oder liebevoll Küsschen verteilen lassen
- sich vor Angst schütteln, zittern oder die Augen zuhalten
- weinen, schniefen, Tränen weg tupfen, Nase schnäuzen
- wütend schreien, Haare raufen, stampfen
- lächeln, grinsen, fröhlich summen, beschwingt hüpfen, tanzen,
- gähnen oder müde die Augen reiben, aufwachen und räkeln

LASST DIE SORGEN VERSCHWINDEN

Puppen oder Kuscheltiere mit einem großen Reißverschluss oder einer Tasche, zum Beispiel als Mund, ermöglichen es deinem Kind (mit deiner Hilfe), seine Sorgen zu benennen und in der Tasche verschwinden zu lassen. Die Sorgen, die dein Kind beschäftigen, werden dazu aufgemalt oder auf einen Zettel geschrieben. Dann bittet ihr die Puppe, sich dieser Sorgen anzunehmen. Besprecht dabei auch, was dein Kind braucht, um diese Sorgen zu lindern. Fragen und Techniken, die deinem Kind helfen, Probleme zu benennen und Lösungsansätze zu finden, sind:

- Spiegeln, also das Gefühl benennen, das du wahrnimmst, und in eigenen Worten wiedergeben, was dein Kind gesagt hat.
- Nach dem Gefühl fragen: „Was fühlst du? Wo wohnt das Gefühl? Was macht es mit deinem Körper? Wo kommt es her?"
- Lösungsideen erfragen: „Was würde dir helfen? Was brauchst du, um dich besser zu fühlen? Wen könntest du wie um Hilfe bitten?"

Quatsch mit Soße

WO? überall | **IHR BRAUCHT:** nichts | **PERFEKT FÜR:** Kooperation, Übergänge

Von wegen „Ernst des Lebens“! Die Zeit mit unseren Kindern ist die beste Zeit, um nochmal richtig Spaß zu haben und Quatsch zu machen. Spielen und Lachen können dazu beitragen, euren Alltag und besonders die Beziehung zu deinem Kind entspannter zu gestalten. Auch Konflikte, die ja häufig große Zeit- und Energiefresser sind, lassen sich auf diese Weise spielerisch und angenehmer lösen. **Mit deinem Kind zu lachen, zu spielen und Quatsch zu machen, ist also niemals Zeitverschwendung. Es ist eher eine Investition in eure Beziehung und ein friedvolles Miteinander, von dem wiederum alle Familienmitglieder profitieren.**

FOLGE DEM LACHEN

Lachen macht nicht nur Spaß, es ist auch noch gesund! Es stärkt die Abwehrkräfte, regt durch die Herzschlagsteigerung und die Aufnahme von viel Luft den Stoffwechsel an und führt zur Ausschüttung von Glückshormonen. Gleichzeitig werden weniger Stresshormone ausgeschüttet. Lachen baut also Anspannung, Stress und Wut ab. Dadurch steigt die Stimmung, was sich positiv auf das soziale Umfeld, in eurem Fall also die Familie, auswirkt. Lachen ist – im positiven Sinne – ansteckend. Und das haben wir Erwachsenen auch dringend nötig, denn laut einer Studie lachen wir gerade einmal 15-mal pro Tag herzlich, während Kinder das über 200-mal tun. „Folge dem Lachen“ ist deine Einladung für mehr Leichtigkeit in eurem Miteinander.

Falls dir jetzt aber noch nicht ganz klar ist, wie dieser „Quatsch" denn nun aussehen kann, habe ich dir noch ein paar Spickzettel mitgebracht, die dich inspirieren dürfen. Nachmachen und ausbauen ausdrücklich erlaubt und gewünscht!

Sei absichtlich tollpatschig.

Rede wie ein Minion oder anderen Kauderwelsch.

Mach alles rückwärts, in Slow Motion oder im Schnelldurchlauf.

Singe Lieder mit neuen lustigen Texten.

Springe in Pfützen, fange Schneeflocken und wirble Herbstblätter auf.

Schneide Grimassen.

Tanze zum coolen Werbejingle im Supermarkt.

Schlafe mitten im Satz urplötzlich ein und schnarche laut.

Verstelle deine Stimme lustig oder ahme Dialekte oder Akzente nach.

Mache lustige (Tier-) Geräusche.

Imitiere eine Kung-Fu-kämpfende Immunzelle, die Durst hat, damit das kranke Kind etwas trinkt. (→ „Kung-Fu-Zellen", S. 152)

Tippe einen Code auf Nase, Wangen und Ohren ein, um den Mund fürs Zähneputzen zu öffnen.

Male etwas mit Creme auf dem Rücken deines Kindes.

Sortiert gemeinsam Socken, indem ihr Speed-Memory spielt.

Mach Quatsch beim Umziehen: die Hände an die Socken, die Unterhose auf den Kopf.

Mini-Expert*innen

WO? überall | **IHR BRAUCHT:** nichts

Dein Kind wächst in einer Welt auf, in der DU die Expertin oder der Experte bist. Du weißt schon alles, kannst schon alles, bist größer und besser. Zumindest kommt es deinem (Klein-)Kind so vor. Es selbst muss noch soooo viel lernen und sieht sich auch immer wieder mit frustrierenden Fehlversuchen und Hilfsbedürftigkeit konfrontiert. Besonders in der Autonomiephase führt das zu sehr viel Frust bei deinem Kind. Zum Glück gibt es inzwischen immer mehr Gedanken und **Ideen, um Kindern zu helfen, das Bedürfnis nach Autonomie und Selbstwirksamkeit zu befriedigen:**

- viel selbst machen lassen,
- eine Ja-Umgebung (→ S. 36) schaffen,
- das Kind nach Möglichkeit in Entscheidungen einbeziehen,
- Grenzen respektieren und
- das Mitwirken im familiären Alltag ermöglichen und fördern.

So lernt dein Kind, dass es ein wertvolles Mitglied eurer Familie ist. Eine weitere Möglichkeit, die eure Bindung und euren Austausch stärkt, ist es, deinem Kind das Gefühl zu vermitteln, dass du an seinem Expertenwissen interessiert bist. **Zeige dich authentisch.** Wenn dein Kind erfährt, dass du nicht allwissend bist, nimmt das viel Druck raus. Und keine Sorge: Das Gefühl der Sicherheit speist sich bei unseren Kindern nicht daraus, dass wir auf alles eine Antwort haben, sondern daraus, dass wir an ihrer Seite sind, verlässlich und greifbar.

Worin dein Kind Experte sein könnte, fragst du dich jetzt? Nun, es ist deine Mission, das herauszufinden. Ist es vielleicht die Welt der Dinos? Unfassbar, was Kinder sich merken können. Eine Zeit lang war mein Sohn so begeistert von allem, was mit Dinosauriern zu tun hatte, dass ich durch ihn lernte, dass es Saurier gab, die sich lange um ihre Jungen kümmerten (es wundert vermutlich niemanden, dass ich mir genau diese Information merken konnte) und andere Dino-Jungen direkt nach dem Schlüpfen auf sich gestellt waren. Ich lernte das und vieles mehr, weil mein kleiner Mini-Experte mir davon berichtete und ich ihm aufmerksam zuhörte.

Andere Gebiete, auf denen dein Kind dir einiges voraushaben könnte, sind: seine Lieblingsserien, Pirat*innen, Ritter, Fahrzeuge, Tiere, Jahreszeiten, die Hintergrundgeschichten zu verschiedensten Feierlichkeiten … Einiges davon haben wir selbst bestimmt auch irgendwann mal gelernt, aber längst wieder vergessen. Warum dann nicht vom Kind nochmal die Geschichte vom heiligen Martin erzählen lassen? Dein Kind übt das Nacherzählen eines Handlungsstrangs und fühlt sich dabei wichtig, da es DIR etwas beibringen darf. So wird deine „Wissenslücke“ zur Chance für euch.

CO-LEARNING

Dein Kind fragt dir Löcher in den Bauch? Manchmal hast du Glück und es sind Fragen, die du leicht beantworten kannst. Oder es ist einfach schon viel zu lang her. Puh, wie war das nochmal genau mit den Vulkanen? Warum kommt erst der Blitz und dann der Donner? Weißt du nicht? Macht nix! Das ist eine Chance, die Antworten auf diese Fragen zusammen zu finden. Ihr könnt googeln, (alte) Lexika durchforsten, Bücher in der Bibliothek ausleihen, Wissenssendungen anschauen und das Thema gemeinsam erarbeiten.

Deine Rettung in der Warum-Phase ist vielleicht das Buch von Petra Cnyrim: „Erklärs mir, als wäre ich 5 – Kinderfragen einfach beantwortet“, riva (2019).

Ein Bild sagt ...

WO? überall, wo's Bilder gibt | **IHR BRAUCHT:** Bilder

... mehr als tausend Worte. Dafür müssen wir es aber sprechen lassen. Und genau darin liegt der Clou dieser Spielidee: Wo immer ihr Bilder (hängen) seht – ob im Wartezimmer beim Arzt, an Plakatwänden oder Litfaßsäulen, im Bus, im Mal- oder Bilderbuch, in der Zeitung oder auf dem Handy – lasst euch davon inspirieren. Es gibt auch spezielle Kartensets mit Bildgeschichten, die du besorgen kannst.

Ihr könntet gemeinsam darüber nachdenken, was auf dem Bild zu sehen ist oder wie es genau zu diesem Foto kam. Ihr könnt spekulieren, was die Menschen auf dem Bild gedacht und gefühlt haben und warum – das schult die **Fähigkeit zur Perspektivenübernahme**.

Oder ihr erfindet eine Fortsetzung: Das Bild bildet den Startpunkt eurer Geschichte und gemeinsam überlegt ihr, wie es danach weiterging. Wohin gingen die Menschen, die darauf zu sehen sind? Zu welchem Zweck? Lass dein Kind erzählen oder wechselt euch ab.

Bildgeschichten fördern die Ausdrucksfähigkeit, die Beobachtungsgabe und die Fantasie. Besonders gut eignen sich dafür Wimmelbilder, denn sie bieten unendliche viele Anknüpfungspunkte. Seht ihr irgendwo abstrakte Kunst, kann es sehr spannend sein, was für unterschiedliche Elemente ihr darin entdecken könnt, ähnlich wie bei den berühmten Tintenklecksen, nur lustiger.

Toll sind auch die selbstgemalten Bilder deines Kindes. Nehmt sie zum Anlass, eure Gedanken schweifen zu lassen und die wildesten Geschichten zu spinnen. Lass dir die Zeichnung deines Kindes beschreiben und frage nach, wie es beispielsweise den Tieren oder Menschen auf dem Blatt Papier geht. Was haben sie noch vor, wie haben sie sich kennengelernt? Was könnten sie als Nächstes tun und kann dein Kind dazu auch ein Bild malen? Vielleicht sogar eine Bilderstrecke? **Eine eigene Geschichte in Bildern,** das wäre doch super! Vielleicht sogar mit euch Familienmitgliedern in den Hauptrollen.

Wenn wir den Geschichten unserer Kinder aufmerksam zuhören, erfahren wir einiges über ihre Gefühle, Ängste und Wünsche. Wir lernen, wie sie die Welt sehen, welche Verhaltensweisen ihnen wichtig sind oder worauf sie im Miteinander achten. Wenn dich etwas, was du hörst, überrascht, weil es zum Beispiel eine Verhaltensweise beschreibt, die in eurer Familie nicht vorkommt (strafen, schimpfen, hauen o. Ä.), dann unterbrich den Fluss der Geschichte nicht gleich. Hör weiter aufmerksam zu, erfahre, wie sich die Geschichte auflöst und merke dir die Stelle für einen späteren Zeitpunkt. Vielleicht kannst du am Abend nochmal nachhaken, indem du deinem Kind gestehst, dass du dich über diesen Teil der Geschichte gewundert hast. Bitte dein Kind, dir die Stelle zu erklären, sofern es das kann und möchte.

Sich ganz interessiert das vom Kind gemalte Bild beschreiben lassen und dazu Fragen zu stellen ist übrigens ein schöner Weg, Wertschätzung für die schöpferische Kraft deines Kindes zu vermitteln. Viel besser, als beim hundertsten bunten Strich immer noch *„Oh wie schön!“* zu rufen.

Gute-Nacht-Kiste

WO? **Kinderzimmer/Schlafzimmer** | **IHR BRAUCHT:** **Kiste mit Spielen, Bücher/Gute-Nacht-Geschichten, Nachtlicht, Kuscheltier, Wärmflasche, o. Ä.** | **PERFEKT FÜR:** **Einschlafbegleitung**

Abends zur Ruhe zu kommen ist manchmal gar nicht einfach. Es gibt Menschen, die können recht gut abschalten und wieder andere, die brauchen dafür einige Zeit und etwas Hilfe. Das gilt für Kinder wie Erwachsene. Besonders herausfordernd kann das abendliche Runterkommen dann sein, wenn der Tag sehr aufregend war oder wenn dein Kind zu den aktiveren und temperamentvolleren Kindern gehört. Dann prallen möglicherweise deine elterlichen Erwartungen davon, wie der Abend ablaufen soll, und die Bedürfnisse deines Kindes aufeinander und es kommt zu Konflikten.

Während Einschlafrituale vor allem darauf abzielen, deinem Kind Struktur und Sicherheit zu vermitteln, hat die Gute-Nacht-Kiste noch einen weiteren Faktor im Blick: das Aktivitätslevel. Damit ist gemeint, dass diese Kiste dir dabei helfen soll, dein Kind dort abzuholen, wo es sich gerade befindet, und es Schritt für Schritt dabei zu unterstützen, zur Ruhe zu kommen. Hat das Kind noch Hummeln im Hintern, fällt es ihm womöglich schwer, sich ruhig hinzulegen oder hinzusetzen und der Vorlese-Geschichte zu folgen. Davor müsste es noch etwas Energie abbauen. Dabei helfen die Elemente der Kiste, die ihr natürlich auch immer wieder variieren könnt. So kann eure Gute-Nacht-Kiste mit eurem Kind mitwachsen.

Wichtig ist bei der Anwendung der Gute-Nacht-Kiste Folgendes: **Startet den Prozess rechtzeitig**, damit ihr dann den Punkt, an dem dein Kind wirklich müde ist und/oder im Bett sein sollte, gut erwischt.

Die Elemente der Kiste

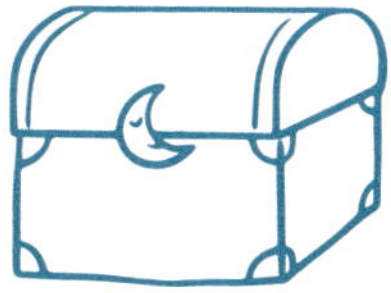

Sucht euch gemeinsam eine Holz- oder Kartonkiste, eine Box oder eine Schuhschachtel. Gestaltet sie, wie es euch gefällt: Bemalt sie, beklebt sie, legt eine Decke hinein, stopft sie mit Watte aus. Sucht einen Platz für die Box und befüllt sie mit Spielen, Spielsachen, Büchern und Stofftieren. Orientiert euch dabei an diesen vier Phasen:

1. Energie abbauen

Für diese Phase sind 2–3 Spielangebote in eurer Kiste, die helfen, Energie abzubauen. Es darf auch getobt werden.

2. Fertig machen

Sich fürs Bett fertig zu machen ist ebenfalls ein wichtiger Teil des Prozesses. Dieser Schritt sollte in der Kiste vertreten sein. Wählt ein Symbol, einen lustigen Waschlappen, die Sanduhr oder etwas Ähnliches, um diese Phase einzuläuten. Ob ihr das vor dem „Energie-Abbauen“ oder danach macht, bleibt euch überlassen.

3. Entspannen

Ist die überschüssige Energie abgebaut, kommen die ruhigeren Aktivitäten. Hier die sind Klassiker wie Vorlesen (→ S. 120), Kuscheln, Massieren, Gute-Nacht-Lieder oder Hörbücher angesiedelt. Auch sie sind wirklich oder symbolisch in eurer Kiste vertreten. Wer immer noch etwas zu viel Energie hat, kann zu einem Mit-Mach-Gute-Nacht-Buch oder einem „Geschichten-Bingo“ (→ S. 138) greifen.

4. Ruhen

Zu guter Letzt finden sich in eurer Kiste die Dinge, die euer Kind wirklich zum Schlafen braucht. Die vom Kind gewählten Gegenstände und Helferlein, die ihm Sicherheit spenden. Das Schnuffeltuch, das Lieblingsstofftier, das Nachtlicht, der Trinkbecher. Von hier geht es dann ins Land der Träume.

Wer oder was bin ich?

WO? **überall** | **IHR BRAUCHT:** **Post-its oder Karten, Stirnband**

Eines meiner absoluten Lieblingsspiele: das „Wer bin ich?“-Ratespiel! Du bekommst ein Post-it auf die Stirn geklebt, auf dem eine berühmte Person oder eine beliebte Filmfigur geschrieben steht. Nun musst du mit Ja- oder Nein-Fragen herausfinden, wer du bist. Wird deine Frage mit Ja beantwortet, darfst du weiter fragen. Lautet die Antwort auf deine Frage Nein, ist der oder die Nächste an der Reihe. Unter Erwachsenen kann das schon mal irre lustig und irrwitzig schwierig werden. Für kleine Kinder können wir es aber auch ganz einfach gestalten. Verwende dafür einfache Kategorien und male oder klebe zusätzlich kleine Bildchen auf den Klebezettel oder die Karte.

Kategorien für Kinder

Für Kinder zwischen 2 und 6 Jahren eignen sich diese Kategorien gut:

- Welches Tier bin ich?
- Welchen Beruf habe ich?
- Welche Buchfigur/Kinderserienfigur bin ich?
- Welches Familienmitglied bin ich?

Legt die Kategorie immer vorher fest, sonst werden die Möglichkeiten für dein Kind zu unüberschaubar. Wenn ihr Karten vorbereitet habt, lass auch dein Kind etwas auswählen, was du erraten musst. Das kann ziemlich spannend sein, interpretiere allerdings nicht zu viel hinein. Kinder finden es manchmal einfach nur lustig, uns zu Bösewichten zu machen, ohne dass das einen tieferen Grund hat.

„Wer bin ich?“ schult in dieser Form einige wichtige Fähigkeiten. Dein Kind muss seine Fragen richtig – also mit Ja oder Nein als Antwort-

möglichkeit – formulieren. Dabei müssen die Fragen dem Ziel, Informationen über den gesuchten Begriff zu erlangen, dienlich sein. Das setzt voraus, dass das Kind einen Plan verfolgt und sich die Antworten dann auch merkt, um sie anschließend zu einem großen Ganzen zusammenzusetzen. Und das sowohl mit einschließenden, als auch mit ausschließenden Antworten. Ein Beispiel: Dein Kind hat herausgefunden, dass es eine Frau ist, die nicht in einem Geschäft arbeitet. Auch nicht in einem Büro, nein. Ja, sie ist viel unterwegs, nein, nicht im Taxi. Ja, sie trägt sowas wie eine Uniform und nein, sie ist keine Polizistin. Ja, ihre Arbeit ist gefährlich. Ja, ihr Auto ist rot und groß.

Erraten? Für ein Kind kann das schon ziemlich komplex sein, aber auch positiv herausfordernd. Du darfst also auch mal ein Auge zu drücken, wenn es keine Ja- oder Nein- Frage ist oder du einen Tipp gibst. Mag dein Kind keine Post-its auf der Stirn oder halten sie nicht gut, dann geht auch ein Stirnband, aus dem eine Karteikarte herauslugt. Es gibt sogar ein fix und fertiges „Wer bin ich?"-Set für Kinder mit Stirnband, Magnet und Bildkarten: „Wer bin ich", Quizspiel von HABA.

WER BIST DU?

Ganz ohne Material, und somit auch perfekt für unterwegs oder im Auto, funktioniert die umgekehrte Variante: „Wer bist du?"

Dabei überlegt sich dein Kind, wer oder was es sein will und beantwortet dann deine Ja- oder Nein-Fragen, damit du erraten kannst, welches Tier oder welchen Beruf es sich ausgesucht hat. Selbst die Fragen beantworten zu müssen festigt das Wissen über das jeweilige Tier, den Beruf oder was immer dein Kind sich ausgesucht hat. Und die Autofahrt vergeht auch etwas schneller.

Grompi, das Wutmonster

WO? überall | **IHR BRAUCHT:** Stift & Papier oder Luftballons, Sand und Wackelaugen | **PERFEKT FÜR:** Gefühlsstürme

Eine besondere Herausforderung für Eltern ist das Begleiten intensiver Gefühle, die Co-Regulation. Dabei ist ein wichtiger Bestandteil der Begleitung, dem Kind nach und nach Möglichkeiten an die Hand zu geben, seine Gefühle zu benennen, mitzuteilen und damit umzugehen. Das fördert die emotionale Intelligenz. Hierbei haben sich Visualisierungen, also bildliche Veranschaulichungen, als sehr hilfreich erwiesen.

Die beste und leichteste Visualisierung von Gefühlen hast du immer bei dir: dein Gesicht. Damit kannst du, zumindest in einem ruhigen, entspannten Moment, Grimassen machen und dein Kind raten lassen, welches Gefühl du damit ausdrückst. Für einen Wutanfall ist Gefühlspantomime vielleicht nicht das Richtige, aber sie eignet sich gut, euch spielerisch an Gefühle und ihre Ausdrucksweisen heranzutasten.

Ebenfalls sehr gut geeignet, um Gefühle besser kennenzulernen und zu kommunizieren, sind Gefühlstierchen, Gefühlsmonsterchen und/oder Gefühlssäckchen.

Gefühlstierchen/-monsterchen

Überlegt euch gemeinsam, wie so ein Gefühl wohl als kleines Männchen/Wesen/Tierchen aussehen könnte. Wäre es zottelig? Groß, klein? Welche Farbe hätte es wohl, was würde da am besten zu Wut, Trauer, Freude, Ekel und Angst passen? Wenn ihr künstlerisch nicht so begabt seid, malt einfach Kreise in den entsprechenden Farben, gebt ihnen ein Gesicht mit dem passenden Gesichtsausdruck, und ergänzt, wenn ihr wollt, noch Arme, Beine und Haare. Das müssen wirklich keine Kunstwerke sein, wichtig ist nur, dass man die Gesichter den Emotionen zuordnen kann.

Ihr könnt diese kleinen Wesen immer wieder neu zeichnen oder euch einmal zusammen ein Plakat erstellen, das ihr dann zur Hand nehmt, wenn ihr euch über ein Gefühl austauscht. Oder ihr gestaltet eine Gefühlsuhr, indem ihr die Gefühlstierchen im Kreis anordnet und einen Zeiger in die Mitte pinnt, mit dem dein Kind jederzeit sein aktuelles Gefühl anzeigen kann.

Gefühlssäckchen

Die kleinen mit Sand gefüllten Gefühlssäckchen machen Gefühle sogar greifbar. Das Vorgehen ist eigentlich dasselbe wie bei den Tierchen oben. Ihr wählt einen dicken Luftballon (nicht die dünnen, die man für Wasserbomben verwendet) in der passenden Farbe – bei uns war *Grompi*, das Wutmonster, zum Beispiel rot – füllt ihn mit (Sandkasten-)Sand, malt den emotionalen Gesichtsausdruck auf (für den Spaß gerne auch Wackelaugen verwenden) und knotet das Ganze fest zu. Vorteil dieser Visualisierung von Gefühlen: Du kannst mit einem speziellen Gefühl in den Dialog treten. Du kannst Grompi nach einem Wutanfall direkt ansprechen und ihn fragen, was ihn so wütend gemacht hat und was ihm geholfen hätte. Oder du fragst dein Kind, wie du dem Wutmonsterchen das nächste Mal helfen kannst, wenn es sich wieder im Bauch deines Kindes breit macht. Bonus: Auf einem Mini-Sandsack herumzukneten, hat eine echt beruhigende Wirkung.

Zusammen schaffen wir das!

WO? zu Hause, Natur/Garten | **IHR BRAUCHT:** gemeinsames Projekt, entsprechendes Material | **PERFEKT FÜR:** Übergänge, Geschwisterkonflikte

Zusammen an etwas zu arbeiten, fördert das Gemeinschaftsgefühl. Das gilt nicht nur für das Teamwork in der Arbeitswelt, sondern auch für das **Zusammengehörigkeitsgefühl** innerhalb der Familie. Darum ergibt es auch Sinn, wenn du dein Kind aktiv in eure Alltagsgestaltung einbeziehst und ihm kleine Haushaltstätigkeiten überträgst. Es fühlt sich dann als wichtiger Teil eurer Familie, was sich wiederum positiv auf seinen Selbstwert auswirkt. Möchtest du den Effekt verstärken, kannst du das mithilfe eines speziellen Mutter-Kind-/Vater-Kind-Projekts angehen. Das eignet sich besonders dann, wenn eure Beziehung gerade etwas strapaziert wurde, beispielsweise durch lange Trennung oder Krankheit. Oder aber wenn der Bindungstank deines Kindes durch die Geburt eines Geschwisterkindes, die Eingewöhnung in eine außerfamiliäre Betreuungseinrichtung oder einen Einrichtungswechsel erst wieder gefüllt werden muss. **Sucht euch ein Projekt, das ihr gemeinsam plant, vorbereitet, umsetzt und dessen Fertigstellung ihr dann feiert. Es gibt nur eine Regel: Niemand arbeitet allein am Projekt.** Ihr verwendet eure Zeit und Energie gemeinsam auf dieses Vorhaben.

PLANEN MIT KINDERN

Das Zeitgefühl ist bei kleinen Kindern noch kaum entwickelt und sie brauchen viel Unterstützung dabei, dieses zu erwerben. Die Sanduhr beim Zähneputzen, der Wecker für den Aufbruch zum Kindergarten im morgendlichen Trubel und ein Wochenplan, der größere Zeiträume ersichtlich macht. Für euer gemeinsames Projekt kann es sinnvoll sein, die einzelnen Schritte, auf die dein Kind sich freuen kann, in eurem Wochenplan zu ergänzen. Wenn ihr keinen habt, könnt ihr einen kleinen Planer für das Projekt basteln, indem ihr die Schritte auf einen Papierstreifen mit faltbaren Feldern einzeichnet. Ein abgeschlossener Schritt kann dann weggeklappt werden.

Projektideen

Klingt gut, aber was könnte ein solches Projekt sein, fragst du dich jetzt? Keine Sorge, ich habe ein paar Ideen mitgebracht.

- Baut selbst einen Drachen und lernt, ihn steigen zu lassen.
- Baut ein Vogelhaus oder ein Vogelbad und knüpft Vogelfutterketten.
- Legt ein kleines Gemüse-/Kräuterbeet an, um das ihr euch zusammen kümmert. Für den Balkon geht auch ein kleines Hochbeet oder Mini-Gewächshaus.
- Entwerft, gestaltet und baut einen Wochenplan für die Familie, zum Beispiel mit einer Holzplatte, Kreide- oder Magnetfolie und Bildmagneten.
- Baut eine Höhle, ein Fort, ein Tipi, einen gemeinsamen Rückzugsort.

- Legt miteinander ein großes Puzzle oder Perlenbild und hängt es vielleicht sogar auf.
- Lernt einen Tanz oder beginnt ein gemeinsames Hobby.
- Bastelt Gefühlsmonsterchen (→ „Grompi, das Wutmonster", S. 104) oder saisonale Deko aus Salzteig/Fimo.
- Nehmt zum nächsten Ausflug eine (Polaroid-)Kamera mit und gestaltet im Anschluss gemeinsam ein Album.
- Größere Holz- oder Klemmsteinbausets eignen sich ebenfalls für Bauprojekte.

Kinder-Yoga

WO? zu Hause, Natur/Garten | **IHR BRAUCHT:** Yoga-/Turnmatte

Für viele ist Yoga eine gute Möglichkeit, sich zu entspannen und den Körper zu stärken. Die wohltuenden Übungen (Asanas) dehnen die Muskeln, mobilisieren Hüfte, Rücken, Nacken & Co. und fördern die achtsame Körperwahrnehmung. Aus diesem Grund fällt es Eltern eher schwer, sich vorzustellen, dass sie gemeinsam mit ihrem Kind Yoga machen könnten. Das Kind kann ja schon kaum stillsitzen, jetzt soll es auch noch eine Entspannungspose halten können?

Nein. Kinder-Yoga zielt in erster Linie nicht auf Entspannung und achtsames Atmen ab, besonders nicht in der Altersgruppe, in der wir uns hier bewegen. Ab dem späteren Schulalter können aber auch diese Aspekte mehr und mehr an Bedeutung gewinnen und deinem Kind im stressigen Schulalltag helfen.

- Für Kindergarten- und Vorschulkinder ist Yoga eine spielerische und fantasievolle Möglichkeit, ihren Körper besser kennenzulernen, sich zu spüren und gemeinsam mit dir oder anderen in einer Gruppe Spaß zu haben.
- Das gemeinsame Üben und Lachen wirkt sich positiv auf das Gefühl der Verbundenheit aus.
- Zudem fördern die Übungen Motorik, Beweglichkeit und Konzentrationsfähigkeit.
- Da Kinder Gefühle meist auch noch sehr körperlich erleben, sind Kinder-Yoga-Übungen auch eine gute Möglichkeit, Emotionen zu regulieren und die Stimmung zu verbessern.

Falls du dich selbst gut in der Welt der Asanas auskennst, hast du bereits alles, was du brauchst. Noch bevor mir klar wurde, dass es Bücher und Karten für Kinder-Yoga gibt, habe ich meinen Sohn eingeladen, die lustigen Tierposen nachzumachen. Bei Katze, Kuh und Schmetterling war er gleich mit Begeisterung dabei. Und wenn die Übung keinen Tiernamen hatte, erfand ich einen passenden. Also lass deiner Kreativität einfach freien Lauf! **Es geht nicht um das korrekte Ausführen der einzelnen Posen, es geht um den Spaß an der Beschäftigung mit dem Körper und der Zeit, die ihr miteinander verbringt.**

Ist Yoga für euch Neuland, dann gibt es Kurse, Bücher und Karten-Sets, die euch an die Hand nehmen. Bonus: Du und dein Kind könnt es zu eurem gemeinsamen Projekt (→ „Zusammen schaffen wir das“, S. 106) machen, Yoga zu lernen. Rollt eure Matten aus, wärmt euch mit viel Bewegung, vielleicht auch etwas Musik, auf und kommt langsam auf der Matte an. Versucht euch dann an ein oder zwei Übungen, gerne begleitet von einer kleinen Geschichte oder Beschreibung zum Tier und der entsprechenden Haltung. Schließt eure Yoga-Einheit mit einem Moment der Entspannung ab. Das heißt: Legt euch mit geschlossenen Augen auf den Rücken und atmet hörbar ein und aus.

DIE „KATZE-KUH-ÜBUNG“

Begebt euch in den Vierfüßlerstand. Senkt den Rücken ins Hohlkreuz und neigt den Kopf zu einem „Muhhhhh“ nach oben. Im Anschluss wölbt ihr den Rücken und zieht das Kinn zur Brust, wie eine Katze, die sich erschreckt und einen Katzenbuckel macht.

Das ist eine gute Übung für Einsteiger.

Mission Banane

WO? überall | **IHR BRAUCHT:** Papier und Stifte |
PERFEKT FÜR: Übergänge, Kooperation

Dein Kind hat keine Lust auf langweilige To-dos, wie einkaufen gehen oder aufräumen? Verständlich, denn uns geht es meist genauso. Wir erledigen viele lästige und nervige Aufgaben nur deshalb, weil sie getan werden müssen. Wir müssen Wäsche waschen, sonst haben wir nichts mehr zum Anziehen. Wenn wir nicht einkaufen gehen, ist der Kühlschrank irgendwann leer. Und unsere Bäuche ebenso. Keine Option. Deinem Kind fehlt diese schicksalsergebene Planungsfähigkeit, die **„Das muss jetzt halt sein"-Einstellung**. Es ist eher davon angetrieben, etwas zu erleben und etwas bewirken zu können. Mit den Ideen auf dieser Seite kannst du beides erreichen: lästige Alltags-To-dos abhaken und deinem Kind Abenteuer mit Selbstwirksamkeitserleben schenken. Und das geht so:

Abenteuer erleben und „mönkeln"

Verpacke die Aufgabe in eine spannende Abenteuergeschichte, eine Schatzsuche oder ein aufregendes Rollenspiel.

- *„Ich habe erfahren, dass eine lang verschollen geglaubte, goldene Banane wieder aufgetaucht ist und versehentlich mit vielen anderen Bananen auf einem Container in unsere Gegend geliefert wurde. Lass uns im Supermarkt danach suchen, während wir einkaufen!"*
- *„Lass uns alles ganz dunkel machen und heute wie Höhlenforscher alle Zutaten für das Abendessen nur mit Stirnlampe/Taschenlampe/Laterne zusammensuchen. Im Anschluss kochen wir im Dunkeln, was meinst du?"*

- *„Ein Zauber hat sich verirrt und eines deiner Spielzeuge verzaubert! Der Zauber wird aktiv, wenn der Gegenstand an seinen ursprünglichen Platz gestellt wird. Wollen wir das verzauberte Spielzeug suchen (= aufräumen) und herausfinden, was dann passiert?"*

Der Begriff „mönkeln" geht übrigens auf die „Mönkelbücher" der Autorin Inke Hummel (edition claus, 2020) zurück, in denen Mutter und Sohn auf ihren Spaziergängen zu Geheimagenten werden und Abenteuer erleben.

Fordert euch heraus

„Wetten, dass ich meine Sachen von der Liste schneller finde als du? Wir treffen uns beim Klopapier, wenn wir alles gefunden haben, ok?"

Mit gemaltem Einkaufszettel geht's ab in einen euch bekannten Supermarkt. Die Regeln: nicht mit dem kleinen Wagen in andere Leute fahren und verlässliches Treffen beim ausgemachten Treffpunkt. Achte beim Malen des Einkaufszettels darauf, dass sich die Artikel in der unteren Regalebene befinden, damit dein Kind seinen Einkauf auch allein schaffen kann.

SELBSTWIRKSAMKEIT

Neben dem Offensichtlichem – der Abenteuerlust und dem Spaß – wird auf diese Weise auch noch die Selbstwirksamkeit deines Kindes gefördert. Das heißt, du gibst ihm das Gefühl, das Geschehen maßgeblich beeinflussen zu können, statt der Spielball unseres erwachsenen Alltags zu sein. Die Erfahrung, etwas bewirken zu können, Entscheidungen treffen zu dürfen und selbst zu bestimmen, stellt einen wichtigen Ausgleich zur oft verlangten Kooperation dar.

Singen, fluchen, flüstern

WO? überall | **IHR BRAUCHT:** nichts | **PERFEKT FÜR:** Kooperation, Gefühlsstürme

Mit deiner Stimme hast du immer und überall ein wirkungsvolles Werkzeug für Kommunikation, Spiel, Spaß und Gamechanging bei dir. Nicht nur, um normale Gespräche zu führen, Informationen auszutauschen oder um Kooperation durch Erklärungen und Verständnis zu fördern. Deine Stimme ist noch vielseitiger einsetzbar! Darum wollte ich ihr hier auch unbedingt Platz einräumen.

Mit deiner Stimme kannst du: normal sprechen, flüstern, schreien, Gefühle zum Ausdruck bringen (also nicht nur durch die Verwendung der entsprechenden Worte, sondern auch, indem du Stimmfarbe und -klang veränderst), andere Stimmen imitieren, Dialekte und Akzente nachahmen, singen, rappen und beatboxen. Cool, oder?

Und jetzt kommt der Clou: Vor unseren Kindern muss uns nichts peinlich sein, das Alter, in dem wir ihnen peinlich sind, kommt erst noch. Das lässt sich leider nicht vermeiden. Jetzt gerade aber, im Kindergarten- und Vorschulalter, findet dein Kind dich toll. Ob du schief singst oder dein Rap sich eigentlich gar nicht reimt, ist total egal. Hauptsache es macht Spaß! Du kannst also ganz ohne Hemmungen dein volles Stimmrepertoire ausschöpfen und drauf los singen, grölen oder beatboxen, um eine Situation aufzulockern, Gefühle zum Ausdruck zu bringen oder einen Konflikt aufzulösen. Auf der folgenden Seite findest du ein paar Ideen, wie dir das gelingt.

Was du mit deiner Stimme alles machen kannst:

- Dichte ein Lied passend für die Situation um.
- Lege einen Freestyle-Rap hin, der deinem Kind einen Ablauf schildert oder was alles eingekauft werden muss.
- Flüstere, wenn dein Kind zu laut wird.
- Spiele die theatralische Opernsängerin, wenn du aus Versehen den Saft in den falschen Becher gegossen hast.
- Sprich in einer Fantasiesprache und mit ausdrucksstarker Körpersprache und beobachte, wie dein Kind deine Botschaft enträtselt.
- Erfindet eigene Schimpfwörter. „Fluchen" als Ausdruck starker Emotionen ist gesund, es darf nur nicht verletzend sein.
- Flüstere, um dein Kind ins Vertrauen zu ziehen oder ihm ein Geheimnis zu verraten.
- Spielt stille Post, wenn ihr mehrere Menschen seid.
- Baut ein Dosentelefon, um eine Verbindung zwischen den Zimmern zu schaffen, wenn das Kind im eigenen Zimmer schlafen lernen will.
- Verstelle deine Stimme, um einen inneren Zwiespalt im Außen für dein Kind sichtbar zu machen.

GEBÄRDENSPRACHE

Lernt ein paar Zeichen Gebärdensprache. So kommuniziert ihr über den Lärm einer Menge hinweg oder wenn du deine Stimme mal nicht nutzen kannst. Außerdem ist es eine sehr inklusive Fähigkeit. Für den Anfang bieten sich folgende Zeichen an: Danke, Hilfe, Hab dich lieb, Warte, Essen, Trinken. Natürlich könnt ihr auch eigene Zeichen erfinden. Zum Beispiel weiß mein Sohn, dass er kurz ganz genau zuhören muss, wenn ich mir zwei-, dreimal auf die Nase tippe.

Die verrückte Quizshow

WO? **überall** | **IHR BRAUCHT:** **Fragenkarten/Handy/Tablet**

- *„Wie war's im Kindergarten?"*
- *„Was gab's zu essen?"*
- *„Wie war der Schwimmkurs?"*

Immer dieselben langweiligen Fragen von uns Erwachsenen. Wir stellen sie zwar – so hoffe ich – mit ehrlichem Interesse, aber vom Hocker hauen sie keinen. Das kannst du ändern! Es gibt so viele interessante, verrückte, ungewöhnliche Fragen, die du deinem Kind (oder auch mal deiner Partnerperson oder Freund*innen) stellen kannst, dass du mit Leichtigkeit euren Austausch damit würzt. Streue sie zwischendurch ein oder inszeniert wirklich eine kleine Quizshow! Mit einem übriggebliebenen Karton wird das Kandidaten-Pult aufgebaut und eine Tröte dient als Buzzer: Los geht's!

Ich habe gesammelt und dir jede Menge Fragen mitgebracht. Eine kleine Auswahl findest du hier im Buch, den Rest, wenn du den nebenstehenden QR-Code scannst.

- Welches Tier wärst du gern? Warum dieses?
- Wenn du ein Essen wärst, welches wärst du?
- Was ist deine Lieblingszeit des Tages?
- Was magst du an dir am meisten? Was am wenigsten?
- Was möchtest du gerne bis zu deinem nächsten Geburtstag lernen?
- Welches ist deine Lieblingsfarbe? Dein Lieblingsspielzeug? Lieblingslied?
- Was macht dich traurig?

- Was würdest du mir gerne beibringen?
- Welche Regel bei uns in der Familie verstehst du nicht, oder ergibt keinen Sinn für dich?
- Wenn du eine Regel ändern könntest, welche und wie?
- Wenn du dir etwas wünschen dürftest, was wäre es?
- Magst du es lieber, wenn es kalt oder warm ist?
- Welche Figur aus deiner Lieblingsserie/Lieblingsgeschichte wärst du? Welche ich?
- Wodurch fühlst du dich wichtig? Geliebt?
- Gibt es etwas, wofür du schon „zu alt" bist? Was?
- Wann bist du richtig mutig? Wann ängstlich?
- Welches ist dein liebstes Kleidungsstück und warum?
- Gibt es etwas, was ein anderer Mensch hat/kann, was du unbedingt auch haben/können möchtest?
- Was ist das Schönste, was wir als Familie gemeinsam machen?
- Was machst du am liebsten, wenn du allein bist?
- Was machst du gerne, wenn du Freunde zu Besuch hast?
- Hast du heute jemandem bei etwas geholfen?
- Die Sprache welches Tieres würdest du gern verstehen?
- Wenn du dir eine Superheldenkraft aussuchen könntest, welche wäre es und warum?
- Was denkst du, ist die wichtigste Aufgabe einer Mama, eines Papas?
- Was denkst du, ist deine wichtigste Aufgabe?
- Worüber machen wir (deine Eltern) uns Sorgen, obwohl wir das gar nicht müssten?

Ausnahmetage

WO? **überall** | **IHR BRAUCHT:** **nichts** | **PERFEKT FÜR:** **Kooperation, Geschwisterkonflikte**

Wochen vollgestopften Alltags vergehen, alle in der Familie funktionieren, kooperieren, akzeptieren. Eine anstrengende Phase im Job, der Vorweihnachtsstress, die letzten Wochen vor dem Urlaub, egal was und wann: Für die Familie und dein Kind ist streckenweise weniger Zeit und Energie übrig. Und das ist auch vollkommen in Ordnung und nichts, wofür du dich schuldig fühlen musst. Auf eine längere Phase ständiger Anpassung reagieren Kinder manchmal jedoch mit Unmut, Frust, Wutanfällen, Verweigerung der Kooperation und sogar Regression (also mit Zurückfallen auf einen bereits gemeisterten Entwicklungsstand). Wenn du merkst, dass sich das Verhalten deines Kindes verändert, frage dich, ob in den letzten Tagen und Wochen vielleicht besonders viel von deinem Kind verlangt wurde. War die Kindergartenzeit kurz vor Weihnachten anstrengender als sonst? Warst du oder deine Partnerperson auf der Arbeit eingespannter und hattet ihr deshalb weniger Zeit oder Aufmerksamkeit für euer Kind? Wenn ja, dann kann euch ein Ausnahmetag helfen.

An einem solchen Tag brecht ihr gemeinsam aus euren gewohnten Strukturen aus. Ihr frühstückt Eiscreme, spielt Brettspiele im Bett, das Mittagessen nehmt ihr als Picknick ein und zum Abendessen gibt es Frühstück. Ihr kennt euren Alltag und eure Regeln besser, also überlegt gemeinsam, was ihr anders machen oder außer Kraft setzen wollt. Ihr könnt einen solchen Tag auch zum Anlass nehmen, euch in einer kleinen Familienkonferenz zusammenzusetzen und zum Beispiel darüber zu sprechen, welche Regeln warum gelten. Oder euer Kind zu fragen, auf welche Regel es gerne mal einen ganzen Tag oder vielleicht sogar immer verzichten möchte und warum.

Auf diese Weise erfährst du sehr viel über dich, dein Kind und euer Leben als Familie.

Ein Ausnahme-Tag eignet sich auch dann sehr gut, wenn du eine Auszeit brauchst, weil du erschöpft oder krank bist. Beim sogenannten **„horizontal parenting“** beschäftigt der Elternteil sein Kind im Liegen, ohne sich dabei bewegen zu müssen.

- Du bist die Patientin oder der Patient und musst unbedingt sehr gründlich untersucht werden. Ein Arztköfferchen in der Rollenspielphase ist eine wirklich sinnvolle Anschaffung!
- Oder du bist die Trainerin oder der Trainer und gibst einen Parcours vor. Dabei ist der Startpunkt bei dir auf der Couch. Von dort geht es zum Abklatschen an den Kühlschrank, einmal unter dem Küchentisch durch gekrabbelt weiter zum Wäschekorb mit frischer Wäsche, aus der zwei gleiche Socken herausgesucht werden müssen, dann noch ein, zwei oder drei Runden um das Bett/den Lesesessel/den Basteltisch und zurück zu dir, wo die Socken abgeliefert werden müssen. Variation macht Spaß!
- „Ich sehe was, was du nicht siehst“, „Ich packe meinen Koffer“, „Die verrückte Quizshow“ (→ S. 114) und Vorlesen (→ S. 120) eignen sich auch gut für kuschlige Stunden im Bett oder auf dem Sofa.

WEITERE AUSNAHMETAGE

Anstatt einen Tag lang Regeln außer Kraft zu setzen oder alles auf den Kopf zu stellen, könnt ihr auch vereinbaren, dass einen Tag (oder ein paar Stunden) lang das Wort „warte“ oder „nein“ verboten ist. Diese Worte bestimmen den Alltag von Kindern und für ein paar Stunden darauf zu verzichten (im Rahmen deiner Aufsichtspflicht) kann eine große Erleichterung sein.

Mikroabenteuer

WO? überall | **IHR BRAUCHT:** allerlei

Kleine und große Abenteuer, die man gemeinsam erlebt, schweißen zusammen und schaffen Erinnerungen, die euch ein Leben lang verbinden. Dabei muss es nicht immer die Weltreise sein. Nein, auch in eurem Alltag lässt sich Platz für aufregende Erlebnisse finden. **Sogenannte Mikroabenteuer peppen euren Alltag auf, machen Spaß und erweitern den Horizont**. Sie sind in der Regel einfach und kostengünstig umzusetzen. Zeit in der Natur ist zudem gut für euer Immunsystem, eure psychische Gesundheit und die motorische Entwicklung. Ich habe dir ein paar Ideen und zwei Buchtipps für weitere spannende Abenteuer mitgebracht.

- Im Garten, auf dem Balkon oder Dachboden zelten
- An einem Gewässer in der Nähe picknicken / mit Lagerfeuer grillen
- Geocaching (GPS-Schatzsuche mit App)
- Mönkeln (→ „Mission Banane“, S. 110)
- Burgruinen in der Nähe erkunden
- In den nächsten Zug steigen, bis zur Endstation fahren und dort eine Erkundungstour machen
- Das nächste Rutschenparadies in der Nähe besuchen
- Mit dem (Lauf-)Rad zum nächsten Pumptrack
- Taschenlampen-Wanderung am Abend
- Einen großen Flohmarkt besuchen
- Drachen steigen lassen
- Höhlensuche und -erkundung
- Ab in den Wald: Pfeil und Bogen bauen

- An den Greifarm, fertig, los: Geht gemeinsam in eurem Wohnort Müll sammeln.
- Pilze/Beeren sammeln gehen, Erdbeeren ernten, Vogelfutterketten basteln und an den Waldrand hängen
- Waldlehrpfade, Barfußwege, Baumhauswege – eure Umgebung hat einiges zu bieten!

BASISAUSRÜSTUNG FÜR KLEINE UND GROSSE ABENTEURER

Outdoor-Sitzkissen und/oder Picknickdecke, Taschenmesser (auch für Kinder erhältlich) und Taschenlampe, Rucksack, Trinkflaschen/Thermoskanne und Vesperboxen, gutes Schuhwerk und jede Menge Abenteuerlust. Ihr seid noch Einsteiger*innen in Sachen Abenteuer? Dann fragt im Freundeskreis nach, ob ihr den ein oder anderen Ausrüstungsgegenstand erstmal leihen könnt.

Wenn du noch mehr Inspirationen für Mikroabenteuer mit der ganzen Familie suchst, empfehle ich dir die Bücher „Mikroabenteuer mit Kindern“ von Stefanie Schindler (humboldt Verlag, 2022) und „Mama! Papa! Was machen wir heute?“ von Birk Grüling (Junior Medien, 2022). Ganz viel Spaß beim Ausprobieren und Entdecken!

Vorlesen

WO? überall | **IHR BRAUCHT:** Bücher | **PERFEKT FÜR:** Kooperation, Übergänge, Redemuffel, Ängste, Einschlafbegleitung, Geschwisterkonflikte

Vorlesen ist mega! Ich bin ein großer Vorlese-Fan und lese mit Begeisterung und lustig verstellten Stimmen vor. Vorlesen ist ähnlich wie das Rollenspiel (→ S. 88) ein Multitalent. Und bereits nach 15 Minuten täglich entfaltet es seine positive Wirkung.

Es liegt nahe, dass das gemeinsame Lesen einen Einfluss auf die Sprachentwicklung hat. Es steigert den passiven Wortschatz, also den Pool an Wörtern, die dein Kind versteht, und prägt das Gespür für Satzbau, Pluralbildung und grammatikalische Zeiten. Darüber hinaus stärken die gemeinsam verbrachte Zeit, das Lachen und der Körperkontakt, der oft mit dem Vorlesen einhergeht, eure Bindung. Durch das Kuscheln werden das Kuschelhormon Oxytocin und das Glückshormon Serotonin ausgestoßen, welche dein Kind zufriedener und ausgeglichener machen. Viele Geschichten zu hören, hilft deinem Kind auch dabei, Perspektivenübernahme zu lernen. Tauscht euch über das Gelesene aus, so erfährst du mehr über die Gedankenwelt deines Kindes: Was hat es sich gemerkt? Was hat ihm besonders gefallen, was geängstigt oder irritiert? Fand es irgendwas in der Geschichte unfair oder unlogisch? Würde es etwas davon selbst gern einmal erleben oder ausprobieren?

Du kannst schon sehr früh damit anfangen, deinem Kind vorzulesen, auch wenn es anfangs vielleicht noch nicht alles versteht, wird es sehr gern deiner Sprachmelodie lauschen. Hör nicht auf, vorzulesen, wenn dein Kind dann selbst lesen lernt. Das Vorlesen sollte dann nicht plötzlich in eine gemeinsame Schulübung verwandelt werden, sondern eure kleine Außenweltpause bleiben.

Schon die Suche nach dem nächsten Lesestoff kann zum Abenteuer werden, wenn man sich aufmacht und die örtliche Bücherei oder die nächstgrößere Stadtbibliothek danach durchsucht. Dort gibt es eine große Auswahl und oft sogar eine kleine Leseecke, in der ihr gleich mal hineinschmökern könnt. Übrigens: **Büchereien sind auch ein kleiner Geheimtipp für Schlecht-Wetter-Tage.**

BÜCHER AUSLEIHEN

Büchereiausweise sind in vielen Bibliotheken für Kinder kostenlos oder wirklich sehr, sehr günstig. Das lohnt sich und ist nachhaltig. Bücher sind zwar immer ein gutes Geschenk für dein Kind, aber besonders bei Kleinkindern hält sich das Interesse für eine bestimmte Geschichte maximal ein paar Wochen und dann wird das schöne Kinderbuch zum Staubfänger.

Kinderbücher haben noch einen großen Vorteil im Gepäck: Sie können dir helfen, bestimmte Themen mit deinem Kind zu besprechen oder zu bearbeiten. Als Elternteil fehlen dir vielleicht manchmal die Worte. Ein Familienmitglied oder ein geliebtes Haustier verstirbt und du weißt nicht, wie du das deinem Kind erklären sollst. Oder du möchtest deinem Kind vermitteln, dass es eigene Grenzen setzen und Nein sagen darf. Es gibt Kinderbücher über Tod, Krankheit, psychische Erkrankungen, Sexualität, Trennung oder Scheidung, die Geburt eines Geschwisterchens, Sauberkeitsentwicklung, Kindergartenstart, Schulstart, Umzug, Religion, Diversität und, und, und. **Bevor du dir also den Kopf zerbrichst, wie du etwas deinem Kind vermitteln kannst, schau nach, ob dir diese Arbeit nicht bereits abgenommen wurde und es ein entsprechendes Kinderbuch dazu gibt.** Das hilft ungemein.

Bis wir uns wiedersehen …

WO? überall | **IHR BRAUCHT:** Stein, Lippenstift, Kordel | **PERFEKT FÜR:** Übergänge, Ängste, Einschlafbegleitung

Übergänge sind oftmals schwierig für unsere Kinder. Auch wenn sie große Lust auf den Spielplatz haben, kann an manchen Tagen der Übergang von drinnen nach draußen schon zu viel sein. Das hängt stark von der Tagesverfassung aber auch vom Temperament eines Kindes ab. Das eine Kind tut sich leichter mit Veränderungen, das andere schwerer. Mit Übergängen, die auch noch die Trennung von ihrer Bezugsperson beinhalten, haben jedoch die meisten Kleinkinder (erstmal) Probleme. Mit einer vertrauten Bezugsperson an seiner Seite kann eine neue Umgebung für das Kind eine Chance sein, alles zu entdecken. Ein Übergang, bei dem sich Umgebung und fürsorgende Person ändern, verlangt da schon mehr von einem Kind. Das ist zum Beispiel dann der Fall, wenn dein Kind in eine Betreuungseinrichtung geht. Besonders am Anfang, aber auch später, kann der Übergang vom vertrauten Heim und der Anwesenheit einer nahen Bezugsperson hin zu der „fremderen" Umgebung, mit anderen Betreuenden, Kindern und Regeln, verunsichernd sein. **Hier kannst du deinem Kind helfen, indem du dich als sicheren Hafen auch verfügbar machst, wenn du gar nicht anwesend bist.** Durch eine Visualisierung eurer Verbundenheit kannst du deinem Kind auch über die Entfernung helfen, sich sicher und geborgen zu fühlen. Es hat dann einen Teil von dir bei sich. Die magische Phase macht es möglich.

Dieses Sichtbarmachen eurer Verbindung kannst du gemeinsam mit deinem Kind ganz individuell gestalten. Vielleicht hat dein Kind selbst eine gute Idee, was ihm helfen könnte, wenn es dich sehr vermisst und kurz den „Verbindungstank" wieder aufladen möchte. Oder ihr stöbert gemeinsam durch meine Inspirationen.

Das Speicher-Item

Jeder kleine Gegenstand, der euch einfällt, kann so verzaubert werden, dass er Liebe und einen Kuss speichern kann. Ihr könnt schöne, glatte Steine sammeln gehen, sie bemalen und sie dann, nachdem ihr eure Zuneigung hineingespeichert habt, im Kindergartenrucksack oder in der Hosentasche verstauen. Kleine Figuren, Stofftierchen, ein gehäkeltes oder gefilztes Herz, eine ausgestopfte Babysocke – überall kann Liebe gespeichert werden. Eurer Kreativität sind keine Grenzen gesetzt.

Das Bindungsband

Bindung lässt sich sehr gut als Band, Kordel, Tau oder Seil darstellen. Das kannst du nutzen, indem ihr euch ein Bindungsband knüpft. Verbunden mit der oberen Idee (dem Speicher-Item) kannst du deine Zuneigung während des Knüpfens/Kordelns einfließen lassen. Wolle und Farbe könnt ihr gemeinsam aussuchen gehen und für alle in Sachen Handarbeit Unbegabten empfehle ich diese Taktik: drei Schnüre an den Türgriff knoten und solange miteinander verdrehen, bis ein Band entsteht. Verknoten, fertig. Flechten geht natürlich auch immer, oder ihr lernt per YouTube-Video, wie man Freundschaftsbänder knüpft. Das Band könnt ihr als Armband, an den Rucksack geknotet oder in einer XXL-Version als Verbindung zwischen euren Schlafzimmern verwenden. Letzteres hilft, wenn dein Kind ins eigene Bett oder Zimmer umziehen möchte.

Das Bindungstattoo

An einem Morgen in der Kindergartengarderobe, als meinem Sohn der Abschied schwerfiel, zog ich meinen Lippenstift heraus, trug ihn auf und küsste meinen Sohn damit auf den Handrücken. Eine andere Mutter erzählte mir, dass sie spontan ein Herz in die Handfläche ihrer Tochter gemalt hatte, um ihr den Abschied zu erleichtern. Genauso klappt das mit Kindertattoos, die man mit Wasser auftragen kann.

Shake your body!

WO? überall | **IHR BRAUCHT:** Musik | **PERFEKT FÜR:** Gefühlsstürme

Tanzen ist nichts, was nur in die Disco oder das Tanzstudio gehört. Es ist nicht nur eine Sportart oder Kunstform, sondern auch eine soziale Interaktion. Man kann allein tanzen, zu zweit oder in einer Gruppe. Es verbindet und bringt näher. Daher mein Aufruf: Wir sollten alle viel mehr tanzen!

Tanzen tut so gut!

- Es ist gesund,
- macht Spaß,
- fördert das Rhythmusgefühl,
- die motorische Entwicklung sowie
- den Gleichgewichtssinn unserer Kinder
- und macht fit.

Kinder lieben tanzen. Sie tanzen, als würde niemand zusehen, frei von Scham und den Gedanken, wie das wohl auf andere wirken könnte oder wie das aussieht. Sie sind völlig frei in ihren Bewegungen – ein Zustand, den wir uns gerne von ihnen abschauen dürfen.

Beim Tanzen mit deinem Kind sollte der Spaß im Vordergrund stehen. Nicht das Lernen von komplizierten Schrittfolgen oder das Treffen des Taktes. Motiviere dein Kind eher, sich eigene Moves zu überlegen, und versuche sie nachzumachen. Oder macht ein Spiel daraus und tanzt, bis die Musik plötzlich stoppt und jede*r genauso erstarren muss, wie er oder sie gerade steht. Wer sich zuerst bewegt, verliert. Variiert die Musikrichtungen. Lernt gemeinsam verschiedene Genres und die dazu passenden Tanzstile kennen.

Aber abgesehen davon, wie gut es tut, einfach „nur" zu tanzen, und dass wir jede Gelegenheit ergreifen sollten, eine flotte Sohle aufs Parkett (oder die Supermarktfliesen) zu legen, kann Tanzen deinem Kind auch dabei helfen, Stress abzubauen oder mit starken Gefühlen umzugehen. Nach großer Anspannung, wie zum Beispiel einem Arztbesuch oder einem Zeitraum, der viel Kooperation und körperliche Zurückhaltung von deinem Kind verlangt hat, kann es sehr hilfreich sein, die Anspannung abzuschütteln. Schüttelt sie aus jedem Körperteil einzeln heraus. Hüpft, damit sie die Beine verlässt. Streicht fest über die Arme, bis sie von den Fingerspitzen „tropft". Tanzt, bis euch die gute Laune wiederfindet.

Tanzen ist eine gute Möglichkeit, Gefühle zu regulieren, indem eventuell angestaute Energie abgebaut wird und das Gefühl eine Ausdrucksmöglichkeit erhält. Ein wütender Tanz besteht womöglich aus schnellen und kräftigen Bewegungen, Sprüngen und vielleicht Stampfern, während ein trauriger Tanz sich eher in fließenden Bewegungen äußert. Für Kinder, die sich noch schwertun, ihre Gefühle mit Worten auszudrücken, kann Tanz oder auch eine pantomimische Darstellung dazu beitragen, sich mitzuteilen. Außerdem hat es einen beruhigenden Effekt auf uns, Musik zu hören und Rhythmus zu spüren, wenn wir es mit voller Aufmerksamkeit und ohne Ablenkung tun.

GUTE-LAUNE-PROGRAMM

Musik hat den Nebeneffekt, dass sie unsere Gefühle beeinflussen kann. Das sieht man schon bei ganz kleinen Kindern. Traurige Lieder stimmen uns traurig, heitere Musik macht uns fröhlich. Das kannst du nutzen, wenn deinem Kind die gute Laune abhandengekommen ist. Weist der guten Laune den Weg zurück zum Kind, indem ihr fröhliche Musik einschaltet und tanzt, um sie wieder einzufangen.

Klassiker I: Verstecken

WO? überall | **IHR BRAUCHT:** nichts | **PERFEKT FÜR:** Ängste, Übergänge, Geschwisterkonflikte

Überall auf der Welt spielen (kleine) Kinder Verstecken. Es scheint ein kulturunabhängiges Phänomen zu sein, dass Kinder sich gerne verstecken oder jemand anderen suchen. Und wenn wir uns die Psychologie dahinter anschauen, wird auch klar, warum das so sein muss.

Diese einfache Mischung aus Nervenkitzel und Erleichterung fängt schon beim „Guck guck"-Spielen mit Babys an. Die Bezugsperson nicht mehr sehen zu können oder von ihr nicht mehr gesehen zu werden, löst Anspannung aus. Nicht auf belastende Weise, gerade genug, um Aufregung zu empfinden. Wenn die Eltern dann ihr Gesicht wieder zeigen, reagiert das Baby oft mit erleichtertem Lachen. Das Lachen baut die Anspannung ab. Dieser Effekt zieht sich durch die Jahre, während die Verstecke immer ausgefallener werden. Anfangs musst du vermutlich noch großzügig über die Füße hinweg schauen, die unter der Decke hervorlugen. Oder darfst genau dort nicht suchen, wo du dich davor versteckt hast, weil dein Kind deine Verstecke nachahmt. Aber mit der Zeit entwickelt dein Kind eigene Strategien und Pläne, harrt geduldiger und leiser in seinem Versteck aus und sucht selbst mit mehr Ausdauer. Die nervöse Freude, wenn es gefunden wird, hält jedoch bis in die Schulzeit hinein an.

Das Band, das dich und dein Kind verbindet, ist aus vielen einzelnen Fäden geknüpft. Viele davon entstehen aus deinen feinfühligen Reaktionen auf die Bedürfnisse deines Kindes. Manche erwachsen aus deinen Bemühungen, dein Kind in seiner Einzigartigkeit anzunehmen. Und wieder andere bestehen aus deiner **Verlässlichkeit**. Da man alle

Versteckspiele als eine kleine Trennung auf Probe betrachten kann, tragen sie auch dazu bei, dass eure Bindung stärker wird. Denn du stellst ein ums andere Mal deine Verlässlichkeit unter Beweis, indem du dein Kind immer und immer wieder findest. Für dich eine totale Selbstverständlichkeit und, da du nicht mehr von einer fürsorglichen Person abhängig bist, auch nur schwer nachvollziehbar. Immerhin ist es nur ein Spiel und wer nicht gefunden wird, der kommt eben raus aus seinem Versteck. Doch ganz so stellt es sich für dein Kind nicht dar. Neben all dem Nervenkitzel und Spaß ist es auch wichtig, zu erfahren, dass man gefunden wird. Dreht man den Spieß um, so ist es eine wertvolle Erfahrung, selbstwirksam genug zu sein, um die „verschwundene" Bezugsperson zu finden. Diesen Gedankengang weitergedacht, wird klar, warum wir mit ausgiebigen Versteck-Runden unserem Kind auch in Vorbereitung auf eine bevorstehende Trennung (z. B. Eingewöhnung, geplanter Krankenhausaufenthalt, Dienstreise) oder nach einem einschneidenden Trennungserlebnis helfen können.

AUS DEN AUGEN VERLOREN

Ich empfehle allen Eltern mit ihren Kindern zu besprechen, wie sie sich verhalten sollen, wenn man sich in der Öffentlichkeit, zum Beispiel beim Einkaufen im Supermarkt oder beim Ausflug im Zoo, verliert. Zur Kasse gehen, Mitarbeiter*innen oder andere Erwachsene ansprechen, Name sagen und um Hilfe bitten. Dann werden die Eltern ausgerufen oder angerufen. Für Letzteres empfehlen sich Notfallarmbänder mit der Telefonnummer der Eltern. Doch auch trotz bester Vorbereitung ist es wahrscheinlich, dass das Kind sich ängstigt, solltet ihr euch verlieren, und im Anschluss ängstlicher und anhänglicher ist. Spiele wie Verstecken (S. 126) oder auch Rollenspiele (→ S. 88) können deinem Kind helfen, das Erlebte zu verarbeiten, die Gefühle der Angst und Hilflosigkeit auszudrücken und das Vertrauen in sich selbst und dich/euch wieder zu festigen.

Klassiker II: Gesellschaftsspiele

WO? überall | **IHR BRAUCHT:** Brettspiele, Kartenspiele

Einige meiner schönsten Kindheitserinnerungen sind die verschneiten Tage nach Weihnachten, wenn wir als Familie ein neues Brettspiel bekommen hatten. Jedes Jahr gab es ein neues Spiel für die ganze Familie zu Weihnachten. Und das wurde dann tagelang bis zum Umfallen gespielt.

Brettspiele machen nicht einfach nur Spaß, auch wenn das auf jeden Fall ihr zentrales Merkmal ist und auch sein sollte. Sie fördern darüber hinaus auch noch allerlei Fähigkeiten:

- Vielleicht muss man dabei seine nächsten Schritte planen und vorausschauend agieren.
- Oder mit anderen zusammenarbeiten und sich absprechen, um gemeinsame Ziele zu erreichen.
- Kinder müssen lernen, Regeln umzusetzen und einzuhalten.
- Der Umgang mit Frust ist ein großes Thema, wenn das Kind verliert. Wenn du selbst verlierst, kannst du deinem Kind vorleben, wie man mit Frust umgeht (auch wenn der gar nicht so groß ist).
- Auch das Thema Fairness wird spielerisch erarbeitet und erlebt.

Achte bei der Auswahl neben der Altersangabe auch auf die angegebene Spieldauer und gleiche sie mit der Aufmerksamkeitsspanne deines Kindes ab. Ob das zusammenpasst, kannst du am besten einschätzen. Zu schwierige Spiele oder solche, die zu lange dauern, nehmen die Freude am Spiel und lösen Frust aus. Ab etwa 4 Jahren werden die Spiele dann komplexer und es gibt auch eine größere Auswahl an kooperativen Spielen, in denen Kinder zusammenarbeiten müssen, um ein Ziel zu erreichen. Die Vorteile kooperativer Spiele sind, dass das gemeinsame Verlieren leichter zu verkraften ist und die geteilte Freude bei einem Sieg das Gemeinschaftsgefühl beflügelt.

Wer gerne Kartenspiele spielt, dem sei dieser **Elternhack** nahegelegt: Für kleine Kinderhände ist es oftmals noch schwierig, Karten aufgefächert festzuhalten und einzelne Karten zu ziehen, um sie ablegen zu können. Ein Kartenhalter hilft ihnen dabei und sorgt dafür, dass dem Kind die Freude am Spiel nicht vergeht, nur weil dauernd die Karten herunterfallen. Kartenhalter kannst du kaufen oder selbst basteln, indem du zum Beispiel in eine kleine Holzlatte einen Schlitz sägst, in den die Karten gesteckt werden können. Das Kartenspiel und den Kartenhalter in einen kleinen Beutel gepackt, habt ihr auch für unterwegs eine perfekte Beschäftigung, wenn ihr irgendwo warten müsst.

PEN AND PAPER

Spätestens seit Sheldon Cooper kennen fast alle das Pen-and-Paper-Spiel „Dungeons and Dragons". Es ist aber nicht das einzige papierbasierte Rollenspiel, das in einer eigenen Fantasiewelt spielt. Tatsächlich gibt es solche Spiele bereits für Kinder und ihr könnt gemeinsam in diese Welten eintauchen und hineinwachsen. Absoluter Bonus bei dieser Art von Spielen: Jede*r kann mit einem Charakterbogen seine/ihre ganz eigene Figur erfinden und entwickeln. Diese Figur kann dein Kind an seinen eigenen Eigenschaften anlehnen und dabei lernen, wie es seine Fähigkeiten in ein Team einbringt. Oder es kann eine Figur erschaffen, die Eigenschaften besitzt, die es selbst gerne hätte. Vielleicht wird das schüchterne Kind ein mutiger Anführer oder das Mädchen, das immer die Größte der Gruppe ist, spielt einen Zwerg, der sich gut verstecken und anschleichen kann. In den offenen Welten der Pen-and-Paper-Spiele ist alles möglich.

Meine Empfehlung für Einsteiger*innen:
„So nicht, Schurke!" von Shanna Germain und Monte Cook (Pegasus Verlag).

Klassiker III: Reime & Fingerspiele

WO? überall | **IHR BRAUCHT:** Kinderreime | **PERFEKT FÜR:** Kooperation, Übergänge

Was bei Babys anfängt, hört bei Kleinkindern nicht auf: Sie lieben lustige Reime, Fingerspiele und Kinderlieder. Und zu unserem Leidwesen auch häufige Wiederholungen. Was uns vielleicht längst zu den Ohren herauskommt, gibt ihnen Sicherheit. Das Gefühl der Sicherheit entsteht hierbei dadurch, dass für dein Kind vorhersehbar ist, was geschieht. Welcher Finger als nächstes geschüttelt wird, wo gestupst oder geprustet wird, wie das Gedicht, Lied oder die Geschichte weitergeht und endet. Es hat etwas Beruhigendes. Vergleichbar damit, dass man selbst nach einem stressigen Tag beschließt, keine neue spannende Netflix-Serie anzufangen, sondern lieber eine Wiederholung der Lieblingsserie anzuschauen.

Zu wissen, was Mama oder Papa als Nächstes tut, wie er oder sie reagiert, ist für dein Kleinkind von großer Bedeutung. Die Welt um es herum ist groß und verwirrend und steter Veränderung unterworfen. Gleichzeit entwickelt es sich selbst weiter, erwirbt neue Fähigkeiten und versteht mehr und mehr. Es verändert sich also selbst in einer sich verändernden Welt. Das kann schon mal zu viel werden. Dann braucht es dich als wichtige Konstante und seinen Anker.

Du kannst dieses **Bedürfnis nach Vorhersehbarkeit und Sicherheit** stillen, indem du in euren Alltag Fingerspiele und Kinderreime integrierst. Ein sehr bekannter Vertreter der Kinderreime ist „Hoppe Hoppe Reiter“, wobei das Kind auf den Knien des Elternteils sitzt, auf und ab gewippt wird und an der Stelle, an der der Reiter „plumps macht“, durch die Beine Richtung Boden stürzt. Natürlich wird das Kind, nach einem kurzen Schreck, immer von den Eltern gefangen, bevor es auf den Boden fällt. Sozusagen eine spaßige Vertrauensübung.

Es gibt sie in unzähligen Variationen, mal ganz abgesehen davon, dass du/ihr eigene erfinden kannst/könnt. Und du findest in Büchern und Blogs gute Anleitungen für verschiedene Körperteile, Themen und Situationen. Sie fördern Lachen, Entspannung, Bindung, Sprachentwicklung, Fein- und Grobmotorik, Körperwahrnehmung und Merkfähigkeit. Und der richtige Reim, das richtige Lied kann schon mal ein Gamechanger in einer Konfliktsituation sein! Das Zähneputz-Lied von Eddie & Dän hat bei uns die Ära des konfliktfreien Zähneputzens eingeläutet. Zugabe: Das Lied hat die perfekte Zähneputz-Länge! Andere Reime, die eine bestimmte Berührungsfolge vorgeben, können als Teil des Abendrituals oder der „Gute-Nacht-Kiste" (→ S. 100) deinem Kind dabei helfen, zur Ruhe zu kommen. Ein selbstgedichteter Reim leitet dein Kind durch seine Morgenroutine, indem es die wichtigsten Schritte als Gedicht aufsagen kann. Wer sich an seine Schulzeit erinnert, weiß vielleicht noch: Eine gute Eselsbrücke muss sich reimen. Eingängige Reime sind besonders gut zu erinnern. Gemeinsam eigene Reime zu erdenken, schult das Sprachgefühl ungemein und verbindet, denn nur ihr kennt diesen besonderen Reim.

Kleidertheater

WO? überall | **IHR BRAUCHT:** nichts | **PERFEKT FÜR:** Kooperation, Redemuffel

Das Kleidertheater erspart euch den ein oder anderen Konflikt beim Umziehen und ihr kommt miteinander in Kontakt. Bevor ich dir die Idee genauer erkläre, möchte ich kurz auf eine elterliche Sorge eingehen. Hat das Kind gelernt, sich selbst anzuziehen oder berichtet die Kita, dass sich das Kind dort schon allein an- und umzieht, beginnt bei Eltern meist die „Das kannst du doch schon selbst“-Phase. Sie beginnen das Kind anzuhalten, es selbst zu tun, und verweigern vermehrt ihre Hilfe, wenn sie danach gefragt werden. Entweder um das Kind nicht zu verwöhnen oder damit es die Fähigkeit nicht wieder verlernt. Beide Sorgen sind unnötig. Dein Kind genießt es, von dir umsorgt zu werden. **Es genießt die Nähe, die dabei entsteht, wenn du ihm hilfst.** Das scheint ganz besonders beim An- und Ausziehen der Fall zu sein. Abgesehen davon ist An- und Umziehen für Kinder noch eine komplexere Aufgabe als für uns und kann dementsprechend auch mal etwas überfordernd sein, vor allem wenn Kinder müde oder erschöpft sind. Hilf deinem Kind nicht nur, indem du es an- oder umziehst, sondern verbinde das auch mit Spaß!

Spaß beim An-, Aus- und Umziehen

Plötzlich erwacht der Ärmel zum Leben, verwandelt sich in eine zuckersüße Schlange, die unbedingt kuscheln will und sich dafür an deinem Kind entlang schlängelt. Die Socke ist sehr müde und verschwindet deswegen schnell wieder unter dem Hosenbein, wo es dunkler ist. Jedes Kleiderstück kann sein, was immer du oder dein Kind sich vorstellt, du verleihst ihnen die Stimmen. Vielleicht ist der rote Pulli furchtbar traurig, weil er noch *„GAR NIE!“* mit in den Kindergarten durfte. Jetzt wittert er aufgeregt seine Chance und kann kaum an sich halten.

Furchtbar neugierige Jackenärmel

Beim Abholen heißt es wieder mal nur „*Gut.*“ oder du bekommst gar keine Antwort auf die Frage, wie es war? Dann lass doch mal deinen Jackenärmel fragen. Zieh die Hand etwas zurück und forme mit der Ärmelöffnung einen Mund. Oder, wenn du noch weiter zurückfährst, mach einen Elefantenrüssel daraus. Und dann versuch es nochmal.

Aufmunternde Socke

So eine Socke ist die schnellste Handpuppe der Welt. Reingeschlüpft und schon hast du *Tipsi, die furchtbar tollpatschige Socke*, die dein Kind tröstet, wenn es traurig ist, weil der Schwimmbadbesuch oder der Badewannenaufenthalt vorbei ist. Dauernd hat Tipsi ihre eigenen Fussel im Mund, verheddert sich im Handtuch oder muss niesen. Tipsi will nur eines: Quatsch machen.

Kleiderstraße

Aufgaben, die mehrere Schritte beinhalten, können dein Kind manchmal überfordern. Umziehen und Aufräumen sind dafür Paradebeispiele. Du hilfst deinem Kind, indem du die Gesamtaufgabe in Teilschritte unterteilst und diese klar benennst. Beim Umziehen erfüllt eine Kleiderstraße diesen Zweck. Im Gegensatz zum Kleiderstapel liegen hier die Kleidungsstücke hintereinander, zum Beispiel im Hausgang, und dein Kind kann eines nach dem anderen anziehen. Spaßfaktor: Die Kleidungstücke streiten sich um die Reihenfolge, in der sie daliegen, oder zwischen jedem Schritt gibt es eine Kuscheleinheit, ein Bussi, ein High Five oder einen Nasenstupser. Das spendet nochmal eine Extra Portion Nähe.

Wickie und die starken Eltern

WO? überall | **IHR BRAUCHT:** nichts | **PERFEKT FÜR:** Kooperation, Ängste, Geschwisterkonflikte

Uns Eltern eint der Wunsch, unsere Kinder gut auf ihre Zukunft vorzubereiten. Da wir aber alle nicht in die Zukunft sehen können, ist unklar, worauf genau wir sie vorbereiten müssen. Was werden sie brauchen, um gut klarzukommen, welche Fähigkeiten und Kompetenzen werden ihnen helfen? Ich weiß es nicht. Niemand weiß das.

Deshalb ist es wichtig, unseren Kindern heute das Grundgerüst mitzugeben, mit dem sie sich dann in einer unbekannten Zukunft zu helfen wissen. Wir wünschen uns also, dass unsere Kinder resilient, selbstwirksam und fähig sind, Probleme zu lösen. Fähigkeiten, die du spielerisch und kommunikativ fördern kannst.

RESILIENZ

Unsere psychische Widerstandskraft, quasi unser seelisches Immunsystem, auch Resilienz genannt, ist keine einzelne Fähigkeit, sondern eine Kombination aus Fähigkeiten, Kompetenzen und Einstellungen, die sich positiv aufeinander und auf unser Wohlbefinden auswirken. Ein resilientes Kind traut sich selbst etwas zu, blickt optimistisch in die Zukunft, weiß aber auch um Hilfe zu bitten, wenn es mal nicht weiterkommt. Es ist davon überzeugt, wichtig zu sein und etwas bewirken zu können. Somit fühlt es sich bei Problemen nicht hilflos und ausgeliefert, sondern wirksam und weniger gestresst. All diese Faktoren können durch die Eltern-Kind-Kommunikation gefördert werden.

Du kennst doch bestimmt noch den kleinen Wikingerjungen, der sich und seinen Clan ein ums andere Mal aus dem Schlamassel befreite, indem er sich an der Nase kratzte und dann mit einer kreativen Lösung um die Ecke kam. Sein Vater und die Mannschaft vertrauten auf ihn und seine Einfälle. Dieser Junge kann dir oder euch dabei helfen, eine ganz bestimmte Haltung zu verinnerlichen: *„Du, mein Kind, bist kompetent. Du kannst etwas ändern, etwas bewirken. Du kannst eine Lösung für dein/unser Problem finden. Ich helfe dir dabei."*

Darüber hinaus kann dir Wickie dabei helfen, dein Kind zu ermutigen, über eigene Ideen zu sprechen und eigene Lösungen vorzuschlagen, falls es dahingehend bisher eher schüchtern ist oder sich selbst wenig zutraut: *„Was würde Wickie tun? Magst du dir mal einen Moment Zeit nehmen, dir die Nase reiben und schauen, ob dir eine Idee kommt?"*

Die Geschichten dieses Wikingerjungen kannst du erzählen, in Bilderbüchern zeigen, als Hörspiel oder als Kinderserien anbieten. In Sachen kindlicher Resilienz stellt Wickie ein gutes Vorbild dar.

Die Figur Wickie kann dir spielerisch helfen, dein Kind dazu zu ermutigen, **eigene Lösungen zu finden**. Wickie kann dann als Gamechanger für festgefahrene Situationen oder Konflikte funktionieren, indem du ihn zum Beispiel in ein Rollenspiel einbindest. Mit deiner zugrundeliegenden Haltung und deiner Art der Kommunikation kannst du die psychische Widerstandskraft deines Kindes langfristig und tiefgreifend fördern. Damit dein Kind Wickie nicht nur als Inspiration sieht, sondern seine Einstellung auch verinnerlicht.

Nimm folgenden Sätze und Fragen mit ins Rollenspiel oder in eure Gespräche, denn damit kannst du dein Kind dabei unterstützen, ein Gefühl der Selbstwirksamkeit und die Fähigkeit zur Problemlösung zu entwickeln. Wichtig dabei ist, dass du nicht sofort Lösungen anbietest, sondern begleitest.

Hilfreiche elterliche Aussagen

- *Ich bin da, wenn du mich brauchst.*
- *Ich vertraue dir und deinen Fähigkeiten.*
- *Ich traue dir das zu./Ich glaube an dich./Du schaffst das.*
- *Ich unterstütze dich dabei.*
- *Du kannst alle Ideen laut aussprechen, es gibt kein Richtig oder Falsch! Wir schauen gemeinsam, welche am besten passt.*

Hilfreiche elterliche Fragen

- *Was denkst du darüber? Wie ist deine Meinung dazu?*
- *Ich spüre, dass dich etwas bedrückt/beschäftigt. Magst du mir erzählen, was dir Sorgen bereitet/Angst macht/dich stört/ärgert/traurig macht?*
- *Wann/in welcher Situation fühlst du dich so? Wer oder was löst diese Gefühle aus?*
- *Hat das Problem auch eine positive Seite?*
- *Was soll sich deiner Meinung nach ändern?*
- *Was würde dir helfen? Hast du eine Idee, was man ändern könnte?*
- *Eine gute Idee, fallen dir noch andere Möglichkeiten ein?*
- *Was denkst du, wie diese Idee die Situation ändert?*
- *Woran merkst du, dass deine Lösung funktioniert hat?*
- *Bei welchen Schritten brauchst du vielleicht Hilfe?*

Lösungsfindung

Die aufgelisteten Fragen orientieren sich an den gedanklichen Schritten, die man geht, um eine Lösung zu finden:

1. Das Erkennen und Beschreiben des Problems
2. Die Definition des Zieles, also des problemfreien Zustands
3. Die Planung möglicher Wege, um das Ziel zu erreichen
4. Die Entscheidung für einen Weg
5. Die Umsetzung

Wenn du diese Punkte im Kopf hast, kannst du deine Fragen und deine Begleitung daran ausrichten oder deine Wickie-Imitation damit füttern. Als sechsten Schritt kannst du noch die Reflektion ergänzen. Wenn ihr den gewählten Weg und die Umsetzung nachbesprecht, lernt dein Kind noch etwas fürs nächste Mal.

REFRAMING

Eine der Fragen („Hat das Problem eine positive Seite?") bezieht sich auf eine weitere hilfreiche Kompetenz für Eltern und Kinder: das Reframing. Das ist eine Technik, mit der man sich bewusst andere Seiten des Problems und andere Aspekte der Situation anschaut. Es bedeutet, dass man einen Sachverhalt umdeutet, ihn von seiner negativen Bedeutung löst und versucht, auch etwas Positives daran zu finden.

So könnt ihr beispielsweise gemeinsam positive Seiten für den ins Wasser gefallenen Ausflug finden: endlich mal wieder Zeit zum Höhlebauen oder um das Projekt zu starten, das ihr schon so lange aufschiebt (→ „Zusammen schaffen wir das", S. 106). Die kaputt gegangene Hose ist eine Chance, gemeinsam mal die Nähmaschine auszuprobieren oder tolle Bügelbilder zu kaufen und die Kleidung damit zu individualisieren. Beim Reframing gilt: Wer suchet, der findet.

Falls du dich mit diesem Thema genauer auseinandersetzen möchtest, empfehle ich dir folgende Bücher: „Krisenfest – das Resilienzbuch für Familien" von Romy Winter, Kösel (2021) und „Kinder liebevoll stärken" von Barbara Weber-Eisenmann, humboldt (2022).

Familien-Bingo

WO? überall | **IHR BRAUCHT:** Papier und Stift

Ich kann es dir nicht übel nehmen, wenn du bei Bingo an amerikanische Seniorentreffen mit dicken Filzmarkern denkst und jetzt nicht gleich *„Hurra!“* rufst. Vermutlich bin ich selbst eine alte Seele, denn ich spiele total gern mit meinem Sohn alle möglichen Bingo-Varianten. Tier-Bingo beim Ausflug in den Zoo, Blätter-Bingo beim Spaziergang, Fahrzeuge-Bingo auf einer längeren Autofahrt. Die Vorlagen sind schnell gebastelt oder ausgedruckt und los geht‘s.

Eine lustige Möglichkeit bietet das Bingospiel, wenn ihr es nutzt, um euch als Familie besser kennenzulernen. Ihr erstellt verschiedene Vorlagen (3 × 3 oder 4 × 4 Kästchen), die Infos über einzelne Familienmitglieder enthalten. In einigen Kästchen sind die Lieblingsfarben, in anderen das Lieblingsessen oder ein Hobby. Bunt durchgemischt natürlich. Vieles davon lässt sich als Bild darstellen, damit auch jüngere Kinder mitspielen können. Dann veranstaltet ihr ein Pizza-Picknick auf dem Wohnzimmer-Boden und jede*r darf Fragen stellen, um die Kästchen abzuhaken und eine Reihe vollzubekommen. Oder ihr erzählt euch voneinander und wenn dann eine Info kommt, die eine*r von euch auf seinem Zettel hat, dann schnell ankreuzen! Auch eine Idee: Sammelt mal, was ihr im Verlauf einer Woche alles so macht. Am Sonntag bekommt dann jedes Familienmitglied ein Bingoblatt, das du mit verschiedenen Aktivitäten der Woche gefüllt hast, und alle dürfen von ihrer Woche erzählen. Wer etwas hört, was er oder sie auf dem Zettel hat, darf es durchkreuzen und wer eine Reihe voll hat, darf aussuchen, welchen Nachtisch es gibt!

Mögliche Bingokategorien für Familien

- Lieblingsdinge (Farben, Tiere, Jahreszeiten, Hobbys)
- An Ausflüge angepasste Felder (Tiere, Gegenstände, Fahrzeuge)
- Wunschzettel (Spiele und Spielsachen, Geschenkideen)
- Alltagsgegenstände (Wer nutzt was?)
- Alltagsbeschäftigungen (Wer macht was?)
- Eigenschaften und Charakteristika der Familienmitglieder
- Geschichtenbingo (Elemente der Geschichte sind im Verlauf anzukreuzen)

So kann eine Bingo-Karte zum Beispiel aussehen:

Vertrau mir!

WO? überall | **IHR BRAUCHT:** Augenbinde, Topf, Kochlöffel, Schnur

Spiele sind viel mehr als bloßer Zeitvertreib. Es ist faszinierend, was sie bewirken können. Ich hoffe, dass das Lesen dieses Buchs bei dir ähnliche Heureka-Momente auslöst, wie bei mir vor einer Weile, als mein Sohn sich auf einem Kindergeburtstag nicht traute, beim Topfschlagen mitzuspielen.

Für alle, die das Spiel nicht kennen: Dem Kind werden die Augen verbunden und es wird ein paar Mal um die eigene Achse gedreht. Währenddessen wird ein Topf im Raum platziert, unter dem eine Süßigkeit versteckt ist. Das Kind bekommt einen Kochlöffel in die Hand, geht auf alle Viere hinunter und beginnt vorsichtig vor sich hin zu klopfen, um den Topf zu finden. Die Menschen rund herum (oder eine Einzelperson) geben mit „warm“ oder „kalt“-Ansagen an, ob das Kind in die richtige Richtung unterwegs ist (warm) oder nicht (kalt).

Später, wieder zu Hause, wollte mein Sohn das Spiel dann gerne mit mir ausprobieren. Da ging es mir auf: Sich die Augen verbinden zu lassen und sich auf die Ansagen einer anderen Person zu verlassen, erfordert Vertrauen. Nochmal mehr, wenn man in einer fremden Umgebung ist. Wir spielten also „Topfklopfen“, wie es hier in Tirol genannt wird, und ich versteckte einfach alles Mögliche unter dem Topf. Denn es ging gar nicht so sehr um den Preis unter dem Topf, als vielmehr um den Spaß am Rumklopfen und die Herausforderung, die Ansagen richtig umzusetzen.

Das Grundprinzip – „Ich bin deine Augen“ – lässt sich auch noch ausbauen. Ihr könnt das mit Hütchen im Garten spielen. Lotse dein

Kind mit Worten oder Berührungen durch einen selbstgebauten Parcours. Ihr könnt die Rollen natürlich auch umdrehen. In verdrehten Rollen ergibt sich sogar noch eine weitere Möglichkeit: Du kannst dein Kind Huckepack nehmen oder auf deine Schultern setzen. Jetzt kann das Kind dich mit Worten und Berührungen lenken.

Dieses Spiel ist eine sehr bindungs- und vertrauensstärkende Übung für Menschen jeden Alters. Vertrauen ist ein zentraler Baustein eurer Eltern-Kind-Beziehung, denn er hilft deinem Kind, sich dir auch in schwierigen Situationen zuzuwenden und dich um Hilfe zu bitten. Dein Kind weiß, dass es sich auf deine Fürsorge und Unterstützung verlassen kann und kann sich auf dieser Basis weiterentwickeln und über sich hinauswachsen. Vertrauen zu können ist dabei ebenso wichtig, wie das Gefühl zu haben, ein Mensch zu sein, dem vertraut wird. Das ist ein Geschenk und motiviert dein Kind, aktiv Verantwortung zu übernehmen. Denn es wird sich das zutrauen, weil du ihm vertraust.

NACHTWANDERUNG

Eine (selbst)vertrauensstiftende Abwandlung, die auch mit weniger Lärm einhergeht als Topfklopfen, ist die Nachtwanderung. Dabei spannst du eine Schnur im Garten oder auf dem Spielplatz, an der dein Kind oder auch eine Gruppe von Kindern (zum Beispiel beim Kindergeburtstag) mit verbundenen Augen entlang wandern muss. Während es sich vorsichtig vorantastet, um nicht über größere Steine oder kleine Bodenwellen zu stolpern, kannst du auch Anweisungen geben, um zu helfen. Alternativ kann ein Knoten in der Schnur ein Warnsignal sein, dass eine Stelle bevorsteht, die besondere Achtsamkeit erfordert.

Dosentelefon & Co.

WO? überall | **IHR BRAUCHT:** Dosen, Schnur, Handy, Walkie-Talkie

Kinder lernen durch Beobachten und Nachahmen. Sie beobachten, wie wir in welcher Situation mit wem kommunizieren. Sie hören nicht nur unsere Worte, sie sehen auch, was wir dabei tun. Folglich beobachten sie uns bei einer bestimmten Kommunikationsmethode sehr häufig: Telefonieren. Das spielen Kinder schon ziemlich früh nach. Die meisten Eltern kennen das: Irgendwann muss man ein altes Handy aus der Schublade hervorholen, damit das Kind das eigene Smartphone wieder hergibt.

Du brauchst also gar nicht immer eine besonders ausgefeilte Spielidee oder Strategie, um mit deinem Kind in Kontakt zu treten. Du brauchst Gadgets! Moderne Technik oder, wenn du Lust auf Basteln und etwas Nostalgie hast, ein Dosentelefon. All jene Dinge, die sich Menschen haben einfallen lassen, um Kommunikation über eine Entfernung hinweg zu ermöglichen, kannst du auch in deiner Familie nutzen. Ihr könnt euch kleine Zettelchen malen oder schreiben und mitgeben. Ein Dosentelefon basteln und das „Kabel" vom Kinderzimmer zum Schlafzimmer legen, damit ihr euch abends noch von eurem Tag erzählen könnt. Auch eine praktische Idee für Geschwister in getrennten Zimmern. Ihr könnt so tun, als ob, oder einfach mal wirklich telefonieren. Mit kleineren Kindern (2–3 Jahre) bietet sich Videotelefonie an, denn in diesem Alter brauchen sie noch optische Signale, um zu verstehen, wann sie mit Sprechen an der Reihe sind.

Diese Wege sind aus unserem Alltag nicht mehr wegzudenken und werden sicher auch im Leben unserer Kinder eine große Rolle spielen. **Handy & Co. zur Beziehungspflege zu nutzen, ist daher meines Erachtens etwas, das unsere Kinder lernen dürfen.** Vor allem, da unser familiäres Netz meist nicht mehr in unmittelbarer Nähe angesiedelt ist. Manche Menschen gründen hunderte Kilometer entfernt von ihrer Ursprungsfamilie ihre Familie und wünschen sich, dass ihre Kinder zu den Großeltern oder ihren Tanten und Onkeln eine Beziehung aufbauen. Bei wenigen persönlichen Besuchen übers Jahr verteilt kann sich das schwierig gestalten. Regelmäßiger Kontakt via FaceTime & Co. kann deinem Kind dabei helfen, ein weit entfernt wohnendes Familienmitglied trotzdem als zugewandte Bezugsperson und Teil der Familie zu erleben. Binde dein Kind aktiv ein, wenn du anderen Familienmitgliedern etwas von ihm oder euch erzählst, frage es um Erlaubnis und lass es aussuchen, wenn du Bilder verschickst. Lass es Sprachnachrichten hören und auch versenden, damit es selbst mit diesen Menschen interagieren kann.

AUFMERKSAMKEIT ERHALTEN

Manchmal ist es wie verhext, das Kind hört nicht zu, du bekommst einfach seine Aufmerksamkeit nicht. Neben der goldenen Regel, in solchen Momenten immer auf den Augenkontakt zu achten, kann ein bisschen Spaß dir helfen. „Ring ring" – Schau dich suchend um und frage überrascht: „Was ist das? Wo kommt es her?" Geh mit dem Ohr näher an die Jacken-/Hosentasche deines Kindes und tu so, als ob es darin klingelt. „Hey! Das kommt ja von dir!" Nimm den Anruf entgegen – Daumen und kleiner Finger bilden das Telefon – und gib es nach ein paar Begrüßungsworten an dein Kind weiter: „Ist für dich!" Wenn du nun die Aufmerksamkeit deines Kindes hast, nimm deine andere Hand ebenfalls als Telefon an dein Ohr und rede kurz mit deinem Kind über das, was seine Aufmerksamkeit so gefangen gehalten hat und was du nun von ihm brauchst. Wenn dein Kind bei der Suche nach dem Klingeln lacht, verlängere den Moment noch etwas.

An die Stifte, fertig, los!

WO? überall | **IHR BRAUCHT:** Papier und Stift

In diesem Spiel geht es darum, dass eine Person etwas zeichnet und die andere errät, was es ist. Das spielst du also eigentlich automatisch jedes Mal dann, wenn dein Kleinkind etwas malt. Es kann manchmal schon ziemlich schwierig sein, in den abstrakten Kunstwerken den Betonmischer zu erkennen, aber glücklicherweise sind die kleinen Künstler*innen meist ziemlich hilfsbereit. Zeichnen kann eine lustige und praktische Beschäftigung sein, wenn ihr Wartezeit überbrücken müsst oder euch irgendwo aufhaltet, wo Lärm und Rumtoben unpassend sind. Das Zeichnen leistet dir aber auch in anderen Lebenslagen mit Kindern gute Dienste.

Zeichnungen nutzen

Du musst wirklich kein Künstler beziehungsweise keine Künstlerin sein, um die Macht von Stift und Zettel zu nutzen. Kurz aufgemalt versteht dein Kind so manchen Sachverhalt einfach gleich viel besser und kann Zusammenhänge leichter nachvollziehen. Ein ganz einfaches und sehr alltägliches Beispiel: Irgendwann fangen kleine Kinder an, sich für die Verwandtschaftsgrade zu interessieren. Das kann in so mancher Familienkonstellation schon mal verwirrend werden. Glaubt mir, ich weiß, wovon ich spreche. Mein Sohn hat vier Omas und drei Opas. Der Versuch, meinem Sohn diese Beziehungen und Verbindungen mit Worten zu erklären, scheiterte kläglich, weswegen ich zu Stift und Zettel griff und zu zeichnen begann. Es entstand ein verästelter Stammbaum, an dem entlang wir jeder Linie folgen konnten, um nachzuvollziehen, wer zu wem gehört und wie verwandt ist. Durch die optische Unterstützung war das alles dann gleich viel einleuchtender für ihn.

Hilfreich kann eine Zeichnung auch dann sein, wenn deinem Kind beim Einschlafen etwas ganz Wichtiges und Dringendes einfällt. Der sparsame Umgang mit Verneinungen (→ S. 64) kombiniert mit einer Zeichnung können dir hier helfen, diesen Wunsch auf den nächsten Tag zu verschieben. Indem du ihn ernst nimmst und „aufschreibst" fühlt sich dein Kind gehört und kann für den Abend davon ablassen. Kümmerst du dich verlässlich darum, dass dann am nächsten Morgen nachgeholt werden kann, was aufgeschoben wurde, lernt dein Kind dadurch, dass es dir vertrauen kann. Deine Zuverlässigkeit wirkt sich wiederum positiv darauf aus, dass dein Kind lernt, Bedürfnisse aufzuschieben und auf etwas zu warten.

BEDÜRFNISAUFSCHUB UND ZUVERLÄSSIGKEIT

In der psychologischen Forschung wurde Bedürfnisaufschub bisher mit dem Marshmallow-Test überprüft. Kinder sitzen vor einem Tisch, auf dem ein Marshmallow liegt. Sie wissen, dass sie einen zweiten bekommen, wenn sie damit warten, den ersten zu essen, bis der Erwachsene wiederkommt. Eine Studie des Kidd Lab der Universität Berkeley hat diesen Test abgewandelt und eine Situation davor eingefügt. Dieses Mal gab es zwei Gruppen: Beiden wurde gesagt, der Erwachsene verlasse den Raum, um noch zusätzliches Bastelmaterial zu holen, aber nur in einer kehrte die Person mit den versprochenen Materialien zurück. In der anderen Gruppe kehrte der Erwachsene mit leeren Händen zurück. Im Anschluss an diese Zuverlässigkeits- oder Unzuverlässigkeitserfahrung kam der Marshmallow-Test. Wenig überraschend: Die meisten Kinder der „unzuverlässigen" Gruppe aßen ihr Marshmallow gleich. Sie hatten die Erfahrung gemacht, dass sich Warten nicht lohnt. In der anderen Gruppe verdoppelte sich die Menge der Kinder, die die komplette Zeit bis zur Rückkehr warteten. Sie hatten gelernt: Warten lohnt sich.

Traumreise

WO? überall | **WAS IHR BRAUCHT:** nichts |
PERFEKT FÜR: Einschlafbegleitung, Gefühlsstürme

Wenn du deinem Kind dabei helfen möchtest, sich zu entspannen und zur Ruhe zu kommen, können Traumreisen eine gute Abwechslung oder Ergänzung zur „Gute-Nacht-Kiste“ (→ S. 100) oder anderen Achtsamkeitsübungen sein. Sie lassen sich auch gut mit Kinder-Yoga-Übungen verbinden (→ S. 108). Traum- oder Entspannungsreisen sind Geschichten, bei denen zum Beispiel der Weg durch einen Zauberwald detailreich beschrieben wird. Es geht weniger darum, eine spannende Handlung und aufregende Charaktere zu zeichnen, als vielmehr darum, ein inneres Bild entstehen zu lassen, das dein Kind bis in den Traum oder zumindest Richtung Ruhe und Entspannung begleitet. Die gewählten Erzählungen sind bildreich und sprechen alle Sinne an. Außerdem versetzt die „Du“-Form das Kind direkt in die Szene.

Für Kinder, die sich schwer damit tun, den Kopf abzuschalten, ist das oft ein echter Gamechanger. Deine Anleitung kann deinem Kind helfen, sich auf etwas anderes zu konzentrieren, alles andere in den Hintergrund treten zu lassen. Fällt es deinem Kind schwer, sich darauf einzulassen, hilft es vielleicht, wenn der Ablauf immer derselbe ist und es ein Startsignal gibt. Oder wenn ein Stofftier Wache hält, während ihr auf Traumreise seid.

Die Geschichten werden mit ruhiger und sanfter Stimme vorgetragen oder vorgelesen. Lies langsam und mach an manchen Stellen – mit Blick aufs Kind – eine kurze Pause, um etwas wirken zu lassen. Fantasiereisen kannst du nicht nur in der Einschlafbegleitung verwenden, sondern auch als Entspannungstechnik einsetzen.

Mögliche Orte, durch die eure Traumreise führen kann: ein Wald, das Ufer eines Sees oder Flusses, der Strand, einer eurer Lieblingsorte, der Kindergarten (sehr gut für die Eingewöhnungsphase), ein Zauberwald, ein Märchenland, die Welt aus einer Geschichte, die ihr gelesen habt. Arbeite mit Analogien, wie etwa dunklen Wolken, die für Sorgen stehen und mit einem festen Windstoß vertrieben werden können. So geben die Fantasiereisen deinem Kind gleichzeitig Worte und Bilder mit, um Gefühle zu benennen und regulieren zu können.

Meine Traumreise für euch

Willkommen auf unserer gemeinsamen Traumreise. Atme tief ein und aus und lass dich ganz tief in die Kissen sinken. Unsere Reise beginnt in einem kleinen Wald. Das Moos am Boden ist so weich, dass man unsere Schritte gar nicht hören kann, dafür aber das Rauschen der Bäume im Wind und das Rascheln der Blätter. Kannst du es hören? [kurze Pause] Und fühlst du die warmen Sonnenstrahlen auf deinem Gesicht? [kurze Pause] Lass uns weiter gehen, da vorne kann ich einen kleinen Bach hören. Über den Bach führt eine kleine Brücke und das Wasser plätschert fröhlich über die flachen Flusssteine. Atme die frische Luft tief ein und langsam wieder aus. Spürst du, wie gut das tut? [kurze Pause] Wir erreichen eine große Wiese, voller bunter Blumen und summender Insekten und streifen durch das hohe Gras, um an das Ufer des kleinen Sees zu gelangen, aus dem der Bach entspringt. Wir streifen unsere Schuhe ab und lassen unsere Füße durch das angenehm kühle Wasser gleiten. Dabei beobachten wir die kleinen Fische, die um uns herumsausen und unser Spiegelbild auf der Wasseroberfläche. Du fühlst dich ganz ruhig und entspannt. Mit diesem schönen Gefühl kehren wir zurück ins Bett und schlafen langsam ein.

Unsere tierische Familie

WO? überall | **IHR BRAUCHT:** Schleichtiere, Stofftiere, Legomännchen, Steine | **PERFEKT FÜR:** Ängste, Geschwisterkonflikte, Kooperation, Übergänge

Der Schoß der Familie, wie man so schön sagt, ist ein Ort der Sicherheit für dein Kind. Im Kleinkind- und Vorschulalter, in dem deinem Kind die Welt noch mehr oder weniger fremd und viel zu groß ist, orientiert es sich an dir und seinen nächsten Bezugspersonen. Verändert sich etwas in eurem kleinen System (Wiedereinstieg in den Beruf, Geburt eines Geschwisterkindes, Umzug, Trennung oder Ähnliches), kann das dein Kind sehr verunsichern und Ängste auslösen.

In den meisten Fällen fehlt einem Kind in diesem Alter allerdings noch die Fähigkeit, solche komplexen Zusammenhänge zu erfassen und zu benennen. Das bedeutet allerdings nicht, dass das kreative kindliche Unterbewusstsein nicht andere Ausdrucksmöglichkeiten findet. Du kannst deinem Kind bei der Verarbeitung solcher Veränderungen helfen, wenn du Material zur Verfügung stellst, mit dem dein Kind die alte oder neue Situation oder Konstellation nachspielen kann.

Solch verarbeitendes Spiel geschieht meist eher im Freispiel und nicht angeleitet. Du musst jedoch dafür Sorge tragen, dass Figuren ins Spiel eingeführt werden, die dein Kind stellvertretend für die Familienmitglieder verwenden kann. Es bietet sich an, um die Transferleistung nicht überzustrapazieren, eine Stofftierfamilie oder Tierfamilie derselben Gattung oder zusammenpassende Legomännchen zu verwenden. Alternativ könnt ihr auch Steine anmalen und euch damit eine eigene Steinfamilie basteln. Egal für welche Variante ihr euch entscheidet, jedes Familienmitglied muss vertreten sein. Für den Fall, dass die Geburt eines Geschwisterchens dein Kind aus dem Gleichgewicht gebracht hat, sollte auch in der Tierfamilie ein Tierbaby vorhanden sein. Auch wenn dein größeres Kind womöglich anfangs nicht damit spielt, weil das größere Tierkind die volle Aufmerksamkeit der Tiereltern bekommt.

Kann sich dein Kind gut auf diese Art von **symbolischen Spielen** einlassen, hilft euch das auch in anderen Situationen. Ein bevorstehendes Ereignis, das deinem Kind Angst macht, kann mit Figuren „nachgespielt“ werden. Zum Beispiel, wenn dein Kind Angst vor dem Arztbesuch hat. Diesen mit Stofftieren oder anderen Stellvertretern zu üben, baut Stress ab und gibt Sicherheit. Dabei kann dein Kind auch selbst die Rolle der Begleitperson einnehmen und du kannst dir abschauen, was dein Kind in dieser Situation wohl brauchen könnte. Denn in diesem Alter schließt es meist noch von sich auf den anderen, wenn es darum geht, was die richtige Reaktion auf eine Emotion ist.

Ein wiederkehrender Konflikt mit einem Kindergartenfreund oder die morgendlichen Schwierigkeiten beim Übergang vom Zuhause in den Kindergarten kann dein Kind ebenso nachspielen und auf mögliche Lösungen hin untersuchen. Dein Kind kann eure Lösungsideen dann gleich mit den Stellvertreter-Tieren ausprobieren. Vielleicht musst du dafür ein paar neue Tiere hinzufügen, wenn dein Kind das nicht von sich aus tut.

Weitere Einmischungen in das Spiel solltet du vermeiden, außer dein Kind lädt dich aktiv ein, eine Rolle zu übernehmen. Dann heißt es: den Regieanweisungen folgen, bis der Vorhang fällt.

Der Icebreaker

WO? überall | **IHR BRAUCHT:** einen zweiten Erwachsenen | **PERFEKT FÜR:** Redemuffel, Geschwisterkonflikte

Es gibt Kinder, aus denen sprudelt es nur so heraus, wenn etwas nicht stimmt. Alles an ihnen – Körpersprache, Mimik und das gesprochene Wort – schreit förmlich: *Ich will das nicht! Mir gehts nicht gut! Mir passt das nicht! Mir ist was passiert!* Gesprächseinstiege fallen in diesem Fall leichter, denn das, was bedrückt, will raus. Du als Bezugsperson musst dann „nur noch" feinfühlig reagieren und die Haltung aus dem Kapitel →„Meine Haltung, deine Haltung" (S. 46) verinnerlichen, um ein gutes Gespräch zustande kommen zu lassen und am Laufen zu halten. Zugegeben, das ist auch nicht immer einfach, aber immerhin ist die Tür bereits offen und du bist eingeladen aktiv zuzuhören, ernst zu nehmen, zu spiegeln und Gefühlen einen Raum zu geben.

Es gibt aber auch Kinder, die machen die Schotten dicht. Ziehen sich zurück und erzählen wenig bis gar nichts. Hier gestaltet sich schon der Einstieg schwierig. Du spürst, dass irgendwas nicht stimmt, aber deine Versuche – *„Erzähl doch mal.", „Was bedrückt dich denn?", „War was im Kindergarten?"* – prallen einfach ab. Einige Ideen aus diesem Ratgeber sind gute Möglichkeiten, einen spielerischen Umweg zu nehmen, zum Beispiel über das Rollenspiel (→ S. 88) oder über das Symbolspiel (→ „Unsere tierische Familie", S. 148). In diesen Spielarten kommen Probleme oder Erlebtes manchmal wie von allein an die Oberfläche.

Eine andere Möglichkeit, die in diesem Fall einen Versuch wert ist, ist der Icebreaker, der sich eher dem Quatsch als dem therapeutischen Aufarbeiten verschrieben hat, dir aber trotzdem eine Tür öffnen kann.

Für den Icebreaker brauchst du eine zweite Person, zum Beispiel den anderen Elternteil oder eine andere Bezugsperson, wie Opa oder Erzieherin. Kramt mal eure Schauspielkünste heraus oder das, was noch von der Theater-AG hängengeblieben ist, und streitet euch oscarreif und lustig mit dem anderen Elternteil um die Zeit mit eurem Kind. Es entfacht ein spaßiges Gerangel darum, wer sich jetzt in Ruhe mit eurem Kind unterhalten darf, wer einen Ausflug machen darf oder wer jetzt Wunschzeit (→ S. 156) mit dem Kind verbringen darf.

Denkt daran, dass ihr im Vorfeld geklärt habt, wer gewinnt und was der- oder diejenige dann mit dem Kind unternimmt. Stellt sicher, dass Zeit und Ressourcen gegeben sind, damit es nicht zu einer Enttäuschung kommt, wenn die Redezeit erkämpft ist und der Gewinn (Zeit mit deinem Kind) nicht sofort eingelöst werden kann. Dein Kind wird sich durch die Aufmerksamkeit zweier Menschen sehr wertvoll und geschmeichelt fühlen. Es selbst ist der Preis! Und wenn ihr euch beim Streiten richtig lustig angestellt habt, dann hat das kräftige Lachen auch schon einen Stressabbau bewirkt. Zusammengenommen sind das gute Voraussetzungen, um dann ins Gespräch zu kommen.

WIR SEHEN DICH IMMER NOCH

Besonders wertvoll kann dieses elterliche Gerangel um die Zeit und Aufmerksamkeit des Kindes sein, wenn dieses gerade durch die Geburt eines Geschwisterchens vom „Thron geschubst" wurde. Für das erste Kind einer Familie ist es eine sehr große Herausforderung, sich nach der exklusiven Fürsorge der Eltern im neuen System zurechtzufinden. Oft fühlt es sich zurückgesetzt oder weniger gesehen. Mit dieser spaßigen Icebreaker-Einlage und anschließender 1 : 1-Zeit kannst du diesen Gefühlen etwas entgegenwirken.

Kung-Fu-Zellen

WO? überall | **IHR BRAUCHT:** nichts | **PERFEKT FÜR:** Kooperation

Die folgende Spielidee ist eine spielerische Erklärung, die mit kindgerechten Elementen dafür sorgt, dass dein Kind etwas Kompliziertes besser verstehen kann und Spaß dabei hat.

Kooperation lebt von drei Herangehensweisen:

- durch **Erklärungen** kommt es zu Verständnis,
- durch **Wahlmöglichkeiten** entsteht ein Gefühl der Selbstbestimmung
- und durch **Spielen** entsteht Leichtigkeit und Spaß.

Das „Kung-Fu-Zellen"-Spiel verbindet die erste und die dritte davon.

Kleineren Kindern Vorgänge im Körper zu erklären (sei es Wundheilung, Krankheit, Verdauung, Hunger oder eine Schwangerschaft), kann ziemlich schwierig sein. Vieles davon ist komplex und deinem Kind fehlt noch der entsprechende Wortschatz. Die französische Zeichentrickserie *Es war einmal ... das Leben* hat diese Herausforderung in wunderbarer Art und Weise gelöst: Die Zuschauer*innen werfen einen Blick in das Innere des menschlichen Körpers, während die verschiedenen Bausteine des Organismus personifiziert dargestellt sind. So werden die weißen Blutkörperchen beispielsweise als Polizisten dargestellt. All diese „Personen" arbeiten im Organismus zusammen und kämpfen, wenn es sein muss, gegen Eindringlinge wie Viren und Bakterien.

Von der Machart dieser Serie inspiriert, lässt sich eine Fülle an Szenen und Beschreibungsmöglichkeiten für dein Kind entwerfen. Lass mich dir erzählen, wie mich diese Visualisierung körperlicher Prozesse inspiriert hat:

Mein Sohn hatte Fieber. Für mein Empfinden ziemlich hohes Fieber, längere Zeit plus/minus 40 Grad. Ein Infekt, den der Körper aktiv bekämpfte, indem er die Temperatur hochfuhr. Alles nicht weiter besorgniserregend, bis auf den Umstand, dass mein Sohn nichts trinken wollte. Er schlief fünf Tage lang wirklich sehr viel und ich wusste, er braucht die Ruhe. Aber er brauchte auch Flüssigkeit und ich versuchte, ihm das klarzumachen. Schließlich hüpfte ich als Kung-Fu-Zelle durch das Wohnzimmer, rief *„Haaaajaaaa!“* und überzeugte ihn davon, dass die Zellen in seinem Körper, die gerade gegen die böse Krankheit kämpften, unbedingt etwas zu trinken brauchten, um weiter kämpfen zu können. Das wirkte, Trinken war kein Thema mehr und ich gleich beruhigter.

Bilder wie diese können Kindern helfen, bestimmte Notwendigkeiten leichter nachzuvollziehen, wodurch ihre Kooperationsbereitschaft steigt. Wenn die komisch schmeckende Medizin wichtiger Treibstoff für die Transportzellen ist, die die Kung-Fu-Zellen durch den Körper kutschieren, damit sie eine Krankheit bekämpfen können, dann schluckt dein Kind sie vielleicht lieber, als wenn „das jetzt einfach sein muss.“

Hierbei ist keine wissenschaftliche, medizinische oder anatomische Genauigkeit gefordert. Dein Kind lernt in der Schule früh genug, wie alle Rädchen im körperlichen Uhrwerk heißen und funktionieren. Ein grobes Grundverständnis des menschlichen Organismus reicht vollkommen aus. Und zur Not spicke doch bei verschiedenen Wissensendungen für Kinder, wie eben *Es war einmal … das Leben*. Auch die *Sendung mit der Maus* hat da einiges zu bieten, was euch helfen kann. Anschließend habt ihr ein gemeinsames Vokabular, um euch vertiefend darüber zu unterhalten.

Liebe geht durch den Magen

WO? überall | **IHR BRAUCHT:** Rezept, Zutaten, evtl. Löffelkochbuch | **PERFEKT FÜR:** Kooperation

„Unser Alltag ist ihre Kindheit" – das hast du bestimmt auch schon gehört oder gelesen. So manch Mutter oder Vater verspürt Druck, wenn er oder sie diesen Satz liest: Dieser Alltag, zerrissen zwischen Aktenbergen und Wäschestapeln, soll ihre Kindheit sein? Wo bleiben da Glitzer, Ponyhof und Freibadpommes? Du kannst diesen Satz aber auch anders lesen: Kindheit verträgt eine gute Portion gemeinsam gelebten Alltag. Auch die kleinen Alltagsaufgaben können euch verbinden und ein Wirgefühl vermitteln. **Ohne dass Eltern das aktiv einfordern, haben Kinder eine Phase, in der sie unbedingt mithelfen wollen.** Dein Kind einzubeziehen hat einen wunderbar selbstwertstärkenden Effekt für dein Kind. Es erfährt sich selbst als wertvollen, bereichernden Teil eurer Gemeinschaft, was sich wiederum positiv auf die psychische Widerstandskraft deines Kindes auswirkt.

Gemeinsam zu kochen kann eine solche verbindende Tätigkeit sein. Gut, dafür braucht man Zeit und etwas Geduld. Tu dir und deinem Kind den Gefallen und sperr den Perfektionismus zwischenzeitlich ins Bad oder auf den Dachboden. Genießt die Zeit zusammen, kostet die Zutaten, lacht über die Mehlwolke und die Schokokrümel am Mund. Trau deinem Kind zu, weiche Zutaten selbst zu schneiden oder vorportionierte Zutaten zusammenzuschütten. Erfahrt gemeinsam die Lebensmittel mit euren Sinnen. Wie fühlen sie sich an, welche Konsistenz haben sie? Wie verändert sich diese während des Kochens? Wo kommen das Gemüse, Obst, Fleisch usw. eigentlich her? Wie schmecken die Zutaten roh (wenn das ungefährlich möglich ist) und gekocht oder gebacken? Wie riechen sie? Lass dein Kind beschreiben.

Je nach Alter kannst du dein Kind beim Erweitern des Wortschatzes helfen, indem du seiner Beschreibung ein Adjektiv hinzufügst. Essen zu beschreiben beinhaltet die Möglichkeit, viele neue Worte zu lernen.

Zusammen zu kochen hat noch einen weiteren hilfreichen Nebeneffekt: Dein Kind lernt etwas über die verschiedenen Lebensmittel und eine gesunde Ernährung. Für **Picky-Eater**, also Kinder, die sehr wählerisch sind, kann die gemeinsame Essenszubereitung auch ein echter Gamechanger sein. Das Entschlüsseln der Mahlzeit, die am Ende auf dem Teller landet, trägt dazu bei, die Scheu vor einzelnen Zutaten und ganzen Gerichten zu verlieren. Das Vertrauen in das Essen steigt, wenn dein Kind jedes Lebensmittel gesehen und vielleicht sogar weiterverarbeitet oder gekostet hat. Wenn du auch die Situation kennst, in der dein Kind das Essen mit einem *„Bäh!“* verweigert, obwohl nur Sachen auf dem Teller liegen, die es eigentlich mag, dann kann es sinnvoll sein, gerade diese Mahlzeit mal gemeinsam zuzubereiten.

LÖFFELKOCHBUCH

Löffel- oder Becherkochbücher ermöglichen es deinem Kind, viele Schritte selbstständig durchzuführen. Diese Kochbücher und Rezepte arbeiten mit einer bildlichen Darstellung der einzelnen Schritte. Dabei sind die Mengenangaben nicht in Gramm, sondern in farbigen Löffeln oder Bechern vorgeben. Also statt 500 g Mehl kommen dann 4 volle blaue Löffel Mehl in die Schüssel. Du als Elternteil begleitest nur oder bist das fleißige Helferlein deines Kindes, indem du dir ansagen lässt, was als Nächstes zu tun ist. Es wird deinem Kind viel Spaß machen, dir mal sagen zu dürfen, was du tun sollst. Andersherum ist das ja oft genug der Fall. Zum Beispiel: „Kinderleichte Becherküche“ von Birgit Wenz.

Wunschzeit

WO? überall | **IHR BRAUCHT:** Zeit | **PERFEKT FÜR:** Kooperation, Geschwisterkonflikte

Ich werde nicht müde, es zu erwähnen: Kinder kooperieren den lieben langen Tag. Das heißt, sie tun, was wir wollen, machen mit. Wir sehen nur viele kleine Kooperationen gar nicht. Angefangen beim Aufstehen, was sich schon früh an unserem Zeitplan orientiert, über das Anziehen und Zähneputzen bis hin zur Übergabe im Kindergarten, dem Stillsitzen beim Frühstück dort und dem Teilen mit anderen Kindern. Bis du dein Kind wieder abholst, hat es viele Male kooperiert, sich selbst zurückgenommen oder nachgegeben.

Da wir nicht im Kindergarten dabei sind und auch sonst viele andere Dinge im Kopf haben, kriegen wir viele Momente der Kooperationsbereitschaft gar nicht mit und ärgern uns über die Situationen, in denen das Kind dann plötzlich nicht mehr mitmacht. Dabei geschieht das eigentlich gar nicht „plötzlich", oder „aus dem Nichts heraus", auch wenn es sich manchmal so anfühlt. Und zwar deshalb, weil dein Kind noch nicht sagen kann: *„Du Mama/Papa, so langsam hab' ich genug mitgearbeitet, mein innerer Drang nach Autonomie wird immer stärker und platzt bald heraus."* Tatsächlich kann kaum ein Mensch so achtsam und reflektiert über seine Bedürfnisse sprechen. Also kooperiert das Kind, bis es das eben nicht mehr kann. Der Akku ist leer und muss erst wieder durch Autonomie, Selbstbestimmung und Selbstwirksamkeit aufgefüllt werden. Die Wunschzeit ist die perfekte Ladestation genau dafür!

Für eine vordefinierte Zeit hält dein Kind das Zepter in der Hand. Es gibt vor, was und wie gespielt wird, welche Rolle du einnehmen darfst, welche Regeln gelten. Dein Leitsatz; **Egal was kommt, deine**

Antwort lautet „ja“. Für die Dauer der Wunschzeit ist das Machtverhältnis zwischen euch umgekehrt. Einzige Ausnahme: das Kind gefährdet sich oder andere. Dann gilt natürlich deine elterliche Verantwortung.

Du kannst die Wirkung der Wunschzeit erhöhen, wenn du deinem Kind in dieser Zeit auch auf spaßige Weise das Gefühl der Überlegenheit gibst. Sei zum Beispiel besonders tollpatschig, wenn es gut passt, oder lass dich leicht besiegen. Möchte dein Kind mit dir eine bestimmte Situation nachspielen – Abgeben oder Abholen aus dem Kindergarten, Arztbesuch, Zähneputzen oder Ähnliches –, nimm die Rolle deines Kindes ein und gib deinem Kind somit auch die Möglichkeit, die eigene Rolle wie im Spiegel zu betrachten. Du kannst dabei alles etwas übertreiben und überspitzen. Sei aufmerksam für die Lösungen, die dein Kind entwickelt oder anbietet, wenn es deine Rolle einnimmt. Darin können sich hilfreiche Impulse für euren Umgang miteinander finden. In der Wunschzeit ist es an deinem Kind, den Weg vorzugeben, und an dir, dich mitnehmen zu lassen.

ZEIT ERFAHRBAR MACHEN

Kinder zwischen 2 und 6 Jahren haben in der Regel kein Zeitgefühl und können auch die Uhr noch nicht lesen. Eine Stunde, vier Tage, noch fünf Minuten – für sie ist das alles nichtssagend. Die Wunschzeit zeitlich einzugrenzen oder in Aussicht zu stellen kann daher eine Herausforderung sein. Folgende Möglichkeiten können helfen, deinem Kind Zeiträume näher zu bringen.

- Definiere den Zeitraum genau: bis der Wecker klingelt, noch zweimal schlafen, bis zum Ende des Hörspiels/der Playlist
- Sanduhren (in verschiedenen Längen), Timer mit Restzeit-Anzeige
- Durchstreich-Kalender für lange Zeiträume (wie Adventskalender)
- Wochenplan mit Magneten, Post-its, Bilder

Des Rätsels Lösung ist …

WO? überall | **IHR BRAUCHT:** Rätselblöcke, Puzzle, Fotos

Ich weiß nicht, wie es dir geht, aber ich liebe Puzzeln (liegt vielleicht an den Ravensburger Wurzeln) und bin total vernarrt in Rätsel. Und warum nicht auch mal das spielen, was einem selbst Freude bereitet? Ich war also entsprechend begeistert, als die Zeit begann, in der mein Sohn die ersten Rätsel, in Form dieser Kindergartenblöcke, lösen konnte und auch wollte. Plötzlich saßen wir nebeneinander am Esstisch, ich mit meinem Sudoku-Block und er mit Labyrinthen, Fehlersuchbildern und Zuordnungsaufgaben. Wir genossen die gemeinsame Zeit und die geteilte Aufmerksamkeit. Erinnere dich: **Geteilte Aufmerksamkeit führt zu einer gemeinsamen Sprache und die verbindet.**

Diese Blöcke eignen sich auch super für unterwegs. Was man leider von Puzzles nicht unbedingt behaupten kann. Am Ende verliert man ein Teil im Restaurant und dem Auto fehlt für immer ein Scheinwerfer. Aber Puzzles haben denselben verbindenden Effekt. Sie sind ein gemeinsames Projekt, bei dem man sich absprechen muss, wie man vorgeht, und dann gemeinsam bis zur Fertigstellung daran arbeitet. Das Schöne daran ist, dass man am Ende immer mit einem hübschen Motiv belohnt wird. Auch bei größeren Puzzles in Erwachsenendimension von 1000 Teilen aufwärts kann dir dein Kind helfen. Es wird sich freuen und aufgewertet fühlen, wenn du es in eine „Erwachsenensache" einbeziehst. Randteile suchen oder nach Farben sortieren geht auch in diesem Alter schon gut. Für energiegeladene Kinder kannst du die großen Puzzleteile übrigens vorher auch im Wohnraum verstecken und dadurch eine spontane Puzzleteile-Schnitzeljagd gestalten. Perfekte Beschäftigung für Regentage.

Apropos **Schnitzeljagd:** Natur und spannende Rätsel sind ein echtes Highlight für dein Kind. Dabei muss es natürlich nicht immer die aufwendig gestaltete Schatzsuche sein. Und wenn doch: Inzwischen gibt es fix und fertig geschnürte Schnitzeljagd-Sets zu kaufen. Spart Energie, die du dann für die gemeinsame Zeit zur Verfügung hast.

Eine **Fotoschnipsel-Suche,** bei der man in jedem Versteck ein kleines Foto (oder einen Fotoschnipsel) findet, auf dem man den Ort des nächsten Verstecks erkennen kann, ist eine gute Alternative für aufwendigere Rätsel an den einzelnen Stationen. Ein Fotopuzzle des Zielortes, dessen einzelne Teile auf einem bestimmten Gebiet (zum Beispiel dem Spielplatz) versteckt sind, wäre auch eine einfache Möglichkeit, ein kleines Abenteuer zu inszenieren. Das Abenteuer ist auch das verbindende Element dieser Anregung. Ihr erlebt gemeinsam etwas Aufregendes, habt Spaß und seid an der frischen Luft. Dein Kind erlebt sich sehr selbstwirksam, weil es mehrere komplexe Aufgaben lösen und kombinieren kann, an deren Ende eine Belohnung wartet. Das fördert das Selbstbewusstsein deines Kindes.

MIT RÄTSELN SPIELERISCH FÖRDERN

Rätsel machen nicht nur Spaß, sie fördern auch allerlei Fähigkeiten. Neben der offensichtlichsten, der Problemlösekompetenz, werden auch logisches und kreatives Denken gefördert. Außerdem können der Wortschatz und Wissen über ein bestimmtes Themengebiet erweitert werden. Um Fehler in einem Fehlersuchbild identifizieren zu können, muss man schließlich erstmal wissen, was thematisch richtig ist und zum Beispiel wirklich auf einen Bauernhof gehört. Gleichzeitig werden Aufmerksamkeit, Durchhaltevermögen und Konzentrationsfähigkeit geschult.

Emotionale Feuerwehr

WO? überall | **IHR BRAUCHT:** nichts | **PERFEKT FÜR:** Gefühlsstürme

Dein Kind erlebt Emotionen viel intensiver als du und ist ihnen größtenteils ausgeliefert. Im Alter zwischen 3 und 4 Jahren sind Gefühle der Enttäuschung, Frust und Wut besonders präsent und überschwemmen es regelmäßig. Ist es die Frustration über eigene Grenzen, weil dein Kind etwas noch nicht kann? Oder über Grenzen, die du oder andere Erwachsene setzen und es damit in seinem Autonomiebedürfnis einschränken? Möglicherweise hat dein Kind aber auch an diesem Tag bereits so viel kooperiert, dass es nichts mehr zu geben hat. Selbstwirksamkeit und Selbstbestimmung sind wichtige Gegengewichte zur Erfahrung, dauernd fremdbestimmt funktionieren zu müssen. Besonders in den großen Gruppen in Kindergarten & Co. sind Anpassung, soziales Miteinander, Kooperation und das Einfügen in eine Tagesstruktur gefragt. Das ist ganz schön anstrengend.

Nach den Gründen für starke Emotionen und entsprechende Ausbrüche Ausschau zu halten, kann dir helfen, dein Kind durch den Gefühlssturm zu begleiten. Statt ungeduldig oder irritiert kannst du dann verständnisvoll und einfühlsam reagieren. Hin und wieder fehlt dir aber einfach auch mal die Kraft und/oder die Zeit für eine ausdauernde Begleitung oder es hilft alles nichts und du möchtest zu Ablenkung und Aufmunterung umschwenken. **Wut, Frust und Traurigkeit auch mal spielerisch abzuschütteln kann eine gesunde Strategie sein, wenn sie nicht ausschließlich gewählt wird.** Um eine gute Selbstregulation zu lernen, muss dein Kind sowohl über Gefühle sprechen können und Raum haben, sie auszuleben, als auch Möglichkeiten bekommen, sich Strategien abzuschauen, wie man unangenehme Gefühle abschütteln kann. Solche Ansätze habe ich dir, als die emotionale Feuerwehr deines Kindes, mitgebracht!

Alarm!

Stürze dich *„wiiiuuuu-wiiiihhuuuu“* rufend (also eine Sirene nachahmend) spielerisch auf dein Kind und verkünde, dass du gekommen bist, um die Flammen der Wut zu löschen. Wirble als Wasserschlauch um dein Kind und vertreibe die Wut. Der Überraschungseffekt wird dir hier sicher helfen. Mache weiter, wenn dein Kind lacht, damit es über das Lachen die Anspannung der Wut abbauen kann.

Hallo! Hier bin ich!

Deinem Kind ist gute Laune abhandengekommen und sie findet ihren Weg nicht mehr zurück? Weist ihr mit Sirenengeräusche und Blaulicht den Weg. Sucht sie mit der Taschenlampe! Schnell die gute Laune aufstöbern und die schlechte Laune mit viel Getöse vertreiben.

CODEWORT „FEUERWEHR“

An manchen Tagen sind unsere Reserven leer und wir werden laut, schimpfen, drohen und strafen. Wir tun Dinge, die wir eigentlich nicht tun wollen. Für diesen Fall kannst du mit deiner Partnerperson ausmachen, dass er oder sie emotionale Feuerwehr spielen darf und übernehmen kann. Entweder spielerisch und ablenkend wie oben beschrieben oder mit einem Codewort, das dir signalisiert: „Du gehst jetzt gerade zu weit, ich übernehme, damit du dich beruhigen kannst.“ Gleiches gilt natürlich umgekehrt: Diese Strategie bietet auch dir die Möglichkeit einzugreifen, wenn die andere für dein Kind verantwortliche Person in der Überforderung zu Erziehungsmaßnahmen greift, gegen die du dich eigentlich ausgesprochen hast. Bonus: Das spart das schlechte Gewissen im Nachgang.

Unterwegs ins Reden kommen

WO? überall | **IHR BRAUCHT:** nichts

Den Rahmen für gute Gespräche zu schaffen, ist ein wichtiger Beitrag für eine **gelingende Eltern-Kind-Kommunikation**.

Auf folgende Bereiche kannst du achten:

- ausreichend Zeit,
- wenig bis keine Ablenkung
- und die Möglichkeit, die eigene Aufmerksamkeit voll und ganz dem Kind zu schenken.

Das Wo ist dabei tatsächlich zweitrangig. Interessant ist aber, ob dein Kind eher in einer ruhigen Atmosphäre ins Reden kommt, also zum Beispiel, wenn es im Auto sitzt oder wenn ihr gerade kuschelt. Oder ob es sich leichter tut, seine Gedanken zu sammeln und diese mitzuteilen, wenn es sich bewegt. Hast du diese Unterscheidung einmal im Kopf und achtest aktiv darauf, wird sich sicherlich schnell zeigen, auf welchem Aktivitätslevel dein Kind kommunikativer ist. Du kommst zu dem Schluss, unterwegs und in Bewegung geht's leichter? Dann bist du hier genau richtig.

Kinder im Alter von 2 bis 6 Jahren haben zwei Hürden, wenn es um Bewegung geht: den Übergang von drinnen nach draußen und umgekehrt sowie das In-Bewegung-Bleiben. Auch wenn sich dein Kind gern bewegt, es gern spaziert, läuft, rennt, rollert oder radelt: dafür anziehen? Nein. Das wäre ja ein bisschen zu einfach, nicht? Du brauchst also Anreize.

Mit ohne Ziel

Es kann hilfreich sein, ein bestimmtes Ziel zu haben, wenn ihr losgeht. Einen Ort, an dem ihr dann verweilen möchtet, wo ihr vielleicht sogar ein leckeres Picknick macht. Ein Bach, in dem man Steine werfen, barfuß waten oder einen Staudamm bauen kann. Ein Ziel lässt die Mühen des Übergangs lohnenswert erscheinen und motiviert. Aber auch ganz ohne Ziel loszuspazieren hat seinen Reiz. Erkundet gemeinsam den Ort, in dem ihr wohnt, und versucht Ecken und Winkel zu finden, die ihr noch nie gesehen habt. Lass dein Kind an jeder Straßenecke neu entscheiden, wohin ihr als Nächstes abbiegt. Oder folgt dem Bach, um herauszufinden, wohin er fließt oder woher er kommt.

Tierspuren suchen

Als ich letztens erfuhr, dass es eine App gibt, die Tierspuren erkennt, war ich total begeistert. Und mein Sohn war auch Feuer und Flamme. Ich gestehe, dass ich nicht unbedingt mit einem dicken Wälzer voller Tierspurenbilder in den Wald wollte. Aber mit meinem Sohn durch den Wald spazieren, uns unterhalten und dabei nach Tierspuren Ausschau halten, die wir dann mit meinem Handy analysieren können? Yippie! Sowas gibt's auch für Blumen und Blätter, also sind auch die Frühlings- und Herbstwanderungen gerettet.

Blätter-Memory

Blätter oder Blüten sammeln, pressen, trocknen, einsprühen – vermutlich kennst du das noch aus deiner Kindheit. Das ist eine schöne Möglichkeit, gemeinsam Zeit in der Natur zu verbringen und danach gemeinsam etwas Schönes, wie zum Beispiel ein Blätter-Memory, daraus zu schaffen. Dafür sammelt ihr von verschiedenen Bäumen je zwei Blätter, presst sie und klebt sie anschließend auf viereckige Kartonstücke. Nach eurer Wanderung habt ihr dann auch noch ein eigenes Spiel für den nächsten regnerischen Nachmittag gebastelt.

Ich will, ich will – beim Einkaufen

WO? überall | **IHR BRAUCHT:** gemalten Einkaufszettel, Handy | **PERFEKT FÜR:** Kooperation, Gefühlsstürme

Einkaufen mit Kleinkind ist eine Situation, die Eltern gerne mal den Schweiß auf die Stirn treten lässt. Die vielen Verlockungen führen nicht selten zu emotionalen Ausnahmezuständen. Doch es gibt ein paar Dinge, die du beachten und ausprobieren kannst, sollte Einkaufen bei euch immer wieder ein großes Mienenfeld sein.

Zeitpunkt achtsam wählen

Der Zeitpunkt, wann du mit deinem Kind einkaufen gehst, hat einen großen Einfluss darauf, wie es läuft. Besonders riskant ist es, wenn dein Kind müde oder hungrig ist oder es an diesem Tag schon viel kooperieren musste. Das wäre zum Beispiel nach einem langen Kindergartentag der Fall. Dann noch schnell ins Geschäft zu springen, ist keine gute Idee. Das gilt auch für dich: Müde und hungrig fällt es dir schwerer, dein Kind geduldig zu begleiten. Vermeide potenzielle Konfliktsituationen, es muss nicht jeder Kampf gekämpft werden.

Selbstständigkeit fördern

Statt dein Kind in den großen Einkaufswagen zu setzen, lass es dir doch aktiv helfen. Viele Lebensmittelgeschäfte haben kleine Kindereinkaufswagen, mit denen dein Kind selbst einkaufen kann. Ein gemalter Einkaufszettel hilft deinem Kind dabei, sich zu konzentrieren und die gesuchten Dinge einzusammeln. Diese Aufgabe lenkt ein wenig von den vielen Verlockungen ab. Auf diesem Einkaufszettel kann ein Teil stehen, das dein Kind sich wünschen durfte.

Klare Absprachen

Etwa ab dem 4. Lebensjahr wird es möglich, dass ihr vor dem Einkaufen Absprachen darüber trefft, wie der Einkauf abläuft. Darf dein Kind sich im Geschäft eine kleine Sache aussuchen? Darf es sich das heutige Abendessen aussuchen und dafür alle Zutaten einkaufen? Hat es einen kleinen eigenen Geldbetrag für sich zur Verfügung?

ERSTE GEDANKEN ZUM TASCHENGELD

Irgendwann stellen sich Eltern erstmals die Frage, wie Kinder den Umgang mit Geld lernen sollen und ab wann es wohl Taschengeld geben sollte. Im Kleinkind- und Vorschulalter können Eltern den Umgang mit Geld durch Vorleben und Kommunizieren vermitteln. Dein Kind profitiert davon, wenn du über dieses Thema sprichst. Wo kommt das Geld her? Was kostet etwas, ohne dass wir das aktiv mitbekommen (zum Beispiel die Miete)? Wer spart für den Urlaub? Geld spielt eine zentrale Rolle in unserem Leben, findet aber in der Kommunikation nicht statt. Das darf sich ändern. Mit Taschengeld kann man dann starten, wenn die ersten wichtigen mathematischen Fähigkeiten erworben wurden.

Wunschliste

Und dann sind da immer noch die tollen Spielsachen, die großen Verlockungen, denen sich dein Kind kaum entziehen kann. Statt *„Nein."* kann deine Antwort auch lauten *„Oh ja, das sieht cool aus. Möchtest du, dass ich ein Foto für deine Wunschliste mache?"* Lege dir dafür ein Album auf deinem Handy an und speichere darin die Fotos für die nächste Gelegenheit. Dein Kind fühlt sich in seinen Wünschen gehört und tut sich leichter damit, sie aufzuschieben. Wichtig: Aufgeschobene Wünsche müssen zu einem späteren Zeitpunkt nochmal aufgegriffen werden, damit dein Kind lernt, dass du es in diesem Moment nicht „ruhigstellst", sondern ihr zuverlässig darauf zurückkommt.

Bilder im Kopf

WO? überall | **IHR BRAUCHT:** nichts | **PERFEKT FÜR:** Kooperation, Ängste, Geschwisterkonflikte

Ich arbeite sehr gern mit Metaphern und Visualisierungen. Für mich ist der Wutanfall eines Kindes ein Gefühlssturm, der es mitreißt. Wenn ich meinen Sohn in solchen Momenten begleite, stelle ich mir manchmal vor, dass ich eine Antenne bin, die Ruhe und Sicherheit sendet. Das Bild vor meinem inneren Auge hilft mir dabei, selbst ruhig zu bleiben und mich nicht emotional anstecken zu lassen. Aber mal abgesehen davon, dass dir eine ähnliche Visualisierung vielleicht ebenfalls helfen könnte, dein Klein- oder Vorschulkind zu begleiten, **hilft dir eine bildhafte Sprache auf jeden Fall beim Kommunizieren mit deinem Kind.**

Die Gründe dafür sind schnell erklärt:

- Eine bildhafte und beschreibende Sprache übersetzt komplexe Sachverhalte in verständliche Bilder und Vergleiche, die Kinder leichter verstehen können. Ein Beispiel dafür findest du auf → S. 152, wo eine Idee auf dich wartet, wie körperliche Abläufe kindgerecht erklärt werden können. Eine Fähigkeit, die besonders wichtig werden kann, wenn das Kind seine Medizin nicht nehmen will, aber muss.
- Visualisierungen können deinem Kind dabei helfen, Gefühle besser zu verstehen, zu beschreiben und auch zu regulieren. Wie eine solche Visualisierung aussehen kann, lernst du im Kapitel → „Grompi, das Wutmonster“ (S. 104).
- Außerdem regen beide Formen die Kreativität und das Vorstellungsvermögen an. Ermuntere dein Kind unbedingt, eigene Bilder und Vergleiche für seine Gedanken und Gefühle zu finden und darüber zu sprechen.

Metaphern nutzen

Ganz generell gesprochen unterstützt dich eine bildhafte Sprache immer dann, wenn du die Chance erhöhen möchtest, dass dein Kind dich versteht. Außer in den Momenten, in denen dein Kind sehr aufgewühlt ist, dann ist weniger mehr. Du kannst metaphorische Geschichten aber auch gezielt nutzen, um eine anhaltend konfliktreiche Situation zu bearbeiten oder Ängste abzubauen.

Erfinde dafür eine Geschichte, in der die Hauptfiguren (andere Menschen oder auch Tiere) ein ähnliches Problem haben wie dein Kind oder ihr miteinander. Baue die Handlung ähnlich auf, wie sich der festgefahrene Konflikt bei euch anbahnt oder wie die Situation entsteht, die dein Kind ängstigt. Die Hauptfigur, die in deinen Gedanken stellvertretend für dein Kind agiert, sollte mit den Eigenschaften (zum Beispiel „Mut“) und Problemlösekompetenzen (zum Beispiel „um Hilfe bitten“) ausgestattet sein, die dein Kind (also die Hauptfigur) benötigt, um sich der ängstigenden Lage zu stellen. Am Ende der Geschichte steht ein positiver Ausgang oder eine Lösung für euren Konflikt.

Folgende Fragen helfen dir beim Aufbau deiner Geschichte:

- Was ist das Problem? Was ist der Ist-Zustand?
- Wie kann eine Lösung aussehen? Was ist der Soll-Zustand?
- Was braucht dein Kind/ihr, um diesen Zustand zu erreichen?
- Wie stehen die involvierten Personen zueinander? Strukturen sollten vergleichbar in die Geschichte übernommen werden.
- Was muss zur Erreichung des Ziels unbedingt beachtet werden, worauf muss verzichtet werden?
- Ist die Lösung überhaupt realistisch von deinem Kind umsetzbar?

Tierparade

WO? überall | IHR BRAUCHT: nichts | PERFEKT FÜR: Kooperation, Übergänge

Mit Spiel und Spaß lassen sich Kinder gleich viel besser motivieren, als mit langen und super einleuchtenden Erklärungen. So schön es ist, dass Kinder im Moment leben und achtsam durch die Welt gehen – hier ein Blatt, da eine Blume, oh schau, ein Schmetterling – nicht immer haben wir die Zeit zu verweilen und die Wunder, die sie entdecken, ebenfalls zu bestaunen. Manchmal fällt deinem Kind auch ein Übergang, zum Beispiel vom Spielplatz nach Hause, schwer. Trödelmomente, schwierige Übergänge und Sitzstreiks können mit Klein- und Vorschulkindern schon mal vorkommen und es lohnt sich, für diese Fälle ein paar kreative Ideen in petto zu haben. Kindgerechte Zeitangaben (→ Kasten „Zeit erfahrbar machen“, S. 157), kleine Wettkämpfe (→ „Mission Banane“, S. 110) und Albernheiten (→ „Quatsch mit Soße“, S. 94) sind Strategien, die du in diesem Buch findest und die in solchen Situationen helfen. Und ich habe dir noch eine mitgebracht: die Tierparade. Dafür nutzen wir die magische Phase, in der für dein Kind einfach alles möglich erscheint, und seine Vorliebe für Rollenspiele.

Überlege dir, welches Tier mit welcher Eigenschaft in Verbindung gebracht wird und wie du das für die vorliegende Situation nutzen kannst. Heute geht alles zu langsam, und das, obwohl du einen wichtigen Termin hast, zu dem du nicht zu spät kommen möchtest? Dann verwandle dein Kind mit einem lustigen Zauberspruch in einen superschnellen Luchs. Oder einen Raptor – die sollen ja auch recht schnell gewesen sein. Im Straßenverkehr ist dein Kind heute zu wild und zu schnell unterwegs? Dann vielleicht lieber in eine Schildkröte oder ein anderes träges

Tier verwandeln. Dein Kind hat keine Lust mehr, weiterzugehen? Ein Glück, dass junge Fohlen ganz viel Energie haben und munter nach Hause springen! Wenn du möchtest, dass dein Kind ganz leise und leichtfüßig etwas aus dem Kinderzimmer holt, in dem gerade das Baby schläft, könnten eine Katzenverwandlung oder auch eine kleine Maus das Richtige sein.

Ein Eichhörnchen sammelt kleine Nüsse (= Legoteilchen) ein und versteckt sie in einer sicheren Höhle (= Legokiste), um im Winter etwas zu essen (= spielen) zu haben. Und wofür du den Waschbären einsetzen kannst, liegt auf der Hand. Ich wünsche dir viel Spaß mit deinem Spurensuchhund, der Verlorenes in eurer Wohnung sucht, oder dem fröhlich watschelnden Pinguin, der in der Kühlwarenabteilung des Supermarkts die Einkäufe zusammensucht.

SUPERHELDEN-PARADE

Dein Kind hat es nicht so mit Tieren und die Tierparade fruchtet nicht so wirklich bei euch? Dann sind es vielleicht eher Superhelden, die dein Kind abholen und motivieren. Deren Fähigkeiten lassen sich auch gut übertragen: Flash ist der schnellste Mann der Welt – wie schnell der sich wohl umziehen kann? Hulk ist unglaublich stark – so stark, dass er beim Tragen helfen kann? Spiderman ist so jung und doch sooo mutig! Der traut sich bestimmt, das andere Kind zu fragen, ob er mitspielen darf (sanfter Schubser für schüchterne Kinder). Wenn etwas ganz leise und unauffällig passieren muss, sind Ninjas die perfekte Wahl.

Probieren geht über Studieren

WO? überall | **IHR BRAUCHT:** Experimente

Kinder entdecken mit Wissbegierde und großer Experimentierfreude die Welt und lernen durch Spielen und Ausprobieren, wenn wir sie lassen. Wenn du also auf der Suche nach Beschäftigungen für eine intensive Eltern-Kind-Zeit bist, dann sind gemeinsame Experimente vielleicht etwas für euch. Der Vorteil an kleinen und großen Experimenten: Ihr verbringt Zeit miteinander, konzentriert euch auf eine gemeinsame Tätigkeit (geteilte Aufmerksamkeit) oder ein gemeinsames Projekt (→ „Zusammen schaffen wir das“, S. 106), dein Kind (und vielleicht sogar du) lernt was dabei und es ist teilweise wirklich spannend und faszinierend.

Experimente für Kinder findest du zahlreich im Internet, mit Anleitungen auf YouTube, als fertigen Experimentierkasten im Spielwarenhandel oder in Büchern. Ich habe dir ein paar kleine Versuche mitgebracht, die ihr zu Hause umsetzen könnt.

Blauer Sellerie

Pflanzen brauchen Wasser. Für uns eine logische und verinnerlichte Information. Für dein Kind (noch) nicht. Mit einem kleinen Experiment kannst du diesen Umstand veranschaulichen: Lass den Stiel des Staudenselleries für ein, zwei Tage liegen, bis er schlapp macht und seine Blätter hängen. Schneide das Ende dann ein und stelle den Stängel in ein Glas mit Lebensmittelfarbe. Blaue Farbe hat den deutlichsten Effekt. Über Nacht trinkt der Sellerie dann Schluck für Schluck das tiefblaue Wasser und das Ergebnis könnt ihr am nächsten Tag bewundern: Ein fitter und blauer Sellerie begrüßt euch beim Frühstück.

Fingerabdrücke entdecken

Detektivspiele sind an und für sich schon spannend, die Information, dass aber jeder Mensch einen ganz einzigartigen Fingerabdruck hat, versetzt dein Kind nochmal extra in Staunen. Es fühlt sich gut an, zu wissen, dass es etwas gibt, was einen eindeutig einzigartig macht. Dieses wertvolle Gefühl vermittelst du deinem Kind, indem ihr euch auf die Suche nach seinen Fingerabdrücken macht. Dafür kannst du etwas Ruß aus dem Grill verwenden oder verbrannte Brösel (von einem Toastermissgeschick beispielweise) weiterverwerten und zu feinem Pulver mahlen. Mit einem Schminkpinsel bewaffnet geht ihr dann auf Spurensuche und dokumentiert mit einem durchsichtigen Klebestreifen euren Fund für die Ewigkeit. Sammelt ihr die Fingerabdrücke von mehreren Familienmitgliedern und Freunden, könnt ihr sie im Anschluss vergleichen.

Brodelnder Vulkan

Hierfür brauchst du Sand, Essig, Backpulver und rote Lebensmittelfarbe. Baut gemeinsam aus Sand einen Vulkan mit kleinem Krater. Füllt dann einen Becher zur Hälfte mit Essig und Lebensmittelfarbe und schüttet die rote Mischung in den Krater. Wenn ihr nun das Backpulver ergänzt, beginnt die Mischung zu brodeln und wie Lava nach oben zu steigen und aus dem Krater hervorzuquellen.

Zaubersand

Zaubersand könnt ihr selbst herstellen, er klebt nicht, hinterlässt keine Spuren, hält aber länger die Form als normaler Sand und ihr könnt ihn nach Belieben verändern. Ihr braucht dafür nur 1 kg Mehl, 120 ml Sonnenblumenöl und die Lebensmittelfarbe eurer Wahl. Alles verrühren und fertig!

Das freie Spiel

WO? überall | **IHR BRAUCHT:** nichts

Bei all den Ideen in diesem Buch ist es mir wichtig, auch den Wert des freien Spiels nicht zu vernachlässigen. Die Möglichkeit, zu spielen und sich im Spiel frei zu entfalten, stellt einen wichtigen Beitrag zur (Persönlichkeits-)Entwicklung deines Kindes dar. Daher ist es gut, wenn wir Eltern uns manchmal auch zurückhalten und darauf warten, ins Spiel eingeladen zu werden.

Es gibt Kindheiten, die sind bestimmt vom Leistungs- und Optimierungsgedanken, durchgetaktet mit Kursen zur sportlichen und musikalischen Früherziehung, mit Therapie- und Förderangeboten. Was fehlt, ist die Zeit für Selbstbeschäftigung. Und Langeweile.

DIE KUNST DER LANGEWEILE

Langeweile zu empfinden ist eine wichtige Erfahrung, die wir unseren Kindern nicht nehmen sollten. Das befreit dich auch von der Annahme, dauernd dein Kind bespaßen zu müssen. Nein, es darf sich auch mal langweilen und wird von dieser Erfahrung sogar profitieren. Denn Langeweile fördert Kreativität und Fantasie, indem sie dein Kind dazu zwingt, sich selbst eine geeignete Aktivität zu überlegen. Somit schult sie gleichzeitig die Problemlösefähigkeit. Das Problem: Ich langweile mich. Die Lösung: Ich suche mir selbstständig eine Beschäftigung. Oder: Ich nutze die Langeweile und entspanne mich. Letzteres ist in diesem Alter noch keine bewusste Entscheidung, sondern vielmehr ein positiver Nebeneffekt, aber trotzdem. Eine Balance zwischen Aktivitäten und unverplanten Zeiten schafft den optimalen Rahmen für spielerische Entwicklung.

Rahmenbedingungen für das freie Spiel

Damit sich Kinder im Spielen frei entfalten können, sind drei Dinge ausschlaggebend:

- genügend Zeit,
- Freiraum
- und eine sichere Umgebung.

Durch den Freiraum kann dein Kind seine eigenen Regeln und Strukturen erschaffen, sich selbst ausprobieren und damit seine Persönlichkeit formen. Im freien Spiel treffen Kinder (im geschützten Rahmen) eigene Entscheidungen und erleben mit ihrer Vorstellungskraft eigene Abenteuer. Der **Freiraum** darf physisch und psychisch verstanden werden. Die Möglichkeit, sich auszubreiten und in die eigene Fantasiewelt zurückzuziehen, wird durch dafür vorgesehenen Raum unterstützt. In der Regel ist dieser echte Freiraum das Kinderzimmer. Dein Kind soll dabei wirklich das Gefühl haben, dass es sich dabei um sein Zimmer, seine eigene kleine Welt, handelt. Dieses Gefühl lässt sich durch ein Mitspracherecht bezüglich der Gestaltung des Zimmers, aber auch der Übertragung von Verantwortung für die Ordnung und den Erhalt des Zimmers steigern. Der psychische Freiraum meint, dass es wenig Einfluss von außen gibt, also auch keine elterliche Einmischung. Natürlich darfst du helfen, wenn du um Hilfe gebeten wirst. Nur nicht vorgreifen. Und nicht unterbrechen. Kinder haben einen inneren Kompass, der sie, wenn man sie lässt, treffsicher zum Flow-Erleben (→ S. 39) führt. Wenn du also merkst, dass dein Kind versunken spielt, dann vermeide, wenn möglich, eine Unterbrechung.

Eltern-Lifehack: Es ist gut möglich, dass dein Kind aus dem Flow „erwacht", also aus der tiefen Versunkenheit wieder auftaucht, und danach großen Appetit hat. Aktivitäten, die mit tiefer Konzentration einhergehen, verbrauchen viel Energie. Wenn dein Kind dann einen Snackteller vorfindet, vermeidest du überraschende hangry-Attacken.

TIPPS TO GO – WAS TUN, WENN …?

Weil es im Familienalltag manchmal schnell gehen muss und du einfach nur kurz eine Inspiration suchst oder nochmal etwas nachschlagen willst, kommt zum Abschluss eine Sammlung unterschiedlichster Ideen für die großen Konfliktklassiker zwischen Eltern und Kindern. Denn eine Erfahrung machen Eltern ganz oft: Kaum fruchtet eine Strategie für Streitpunkt A, kriselt es bei Situation B. Es fühlt sich an, als müsse man ein wandelndes Impro-Theater für Kinderbegleitung sein. Und irgendwie ist da auch was dran. Was gute Improvisationstalente ausmacht, ist ein großes Repertoire an Handlungsmöglichkeiten, aus dem sie schöpfen können. Und das findest du auf den folgenden Seiten. Kurz und knackig.

… dein Kind nicht Zähne putzen will?

- Tauscht die Rollen, lass dir selbst auch die Zähne putzen.
- Putzt allen Stofftieren UND deinem Kind die Zähne.
- Verwendet einen sprechenden Tier-Waschlappen.
- Biete Entscheidungsmöglichkeiten an: zwei verschiedene Zahnbürsten, Zahnpasten, elektrische oder Handzahnbürste.
- Variiere das Wo und Wie. (→ „Okay, dann anders", S. 86)
- Nutze Musik und (Zahnputz-)Lieder.
- Fördere die Selbstständigkeit: erst selbst putzen lassen, dann nachputzen.
- Stelle die Waschschüssel auf Kinderhöhe oder einen Lernturm ins Bad.
- Spielt Spiele im Mund: Zuckermonster-Jagd, Verfolgungsjagd …
- Nutzt Zahnputz-Apps.
- Mach Quatsch, sprecht in lustigem Kauderwelsch. (→ „Quatsch mit Soße", S. 94)
- Suche den Knopf zum Öffnen des Mundes oder versuche eine Code-Eingabe auf dem Bauch/Rücken.
- Lest gemeinsam (Bilder-)Bücher zum Thema.

… dein Kind Angst vor einer Untersuchung hat oder die Einnahme von Medizin verweigert?

- Spielt Rollenspiele zur Vorbereitung und tauscht die Rollen auch mal untereinander. (→ S. 88)
- Nutzt einen Arztkoffer, damit dein Kind sich mit den Untersuchungswerkzeugen vertraut machen kann.
- Spielt den Arztbesuch mit Puppen oder Stofftieren nach (gemeinsam oder dein Kind allein mit dir als Zuschauer*in).

- Wähle kindgerechte Erklärungen und Visualisierungen (→„Kung-Fu-Zellen“, S. 152; „Bilder im Kopf“, S. 166).
- Vermeide Überraschungen und nimm dir Zeit.
- Lass dein Kind zuschauen, wie du ein Stofftier untersuchst oder sogar, wie du in der Arztpraxis untersucht wirst.
- Nehmt einen tierischen Begleiter mit, der vielleicht ebenfalls untersucht werden muss.
- Erwecke Superheldenkräfte in deinem Kind (durch ein Kostüm, ein magisches Armband oder Ähnliches).
- Gib deinem Kind Wahlmöglichkeiten, wenn es Medizin nehmen muss: aus welchem Becher, von welchem Löffel, mit welchem Saft, wo und wann (wenn möglich).
- Veranstalte eine Fantasiereise zur Vorbereitung, um Mut zu fassen.
- Verabreiche dem Lieblingsstofftier ebenfalls Medizin.
- Übernimm die Rolle der Kung-Fu-Zelle (Immunabwehr), die dringend Nachschub für den Kampf gegen den Virus-Eindringling braucht (klappt für Medizin, Essen oder Trinken).
- Lest (Bilder-)Bücher zum Thema.

… ein Geschwisterkind geboren wird?

- Bereite dein Kind mit Rollenspielen vor. (→ S. 88)
- Biete eine Stofftierfamilie zum Nachspielen der neuen Familienkonstellation an und lass negative Gefühle zu. (→ „Unsere tierische Familie“, S. 148)
- Lass regressives Verhalten (Dein Kind will wieder Baby sein, den Schnuller zurück, in Babysprache sprechen o.Ä.) zu und gib diesem auch Raum.
- Bezieh dein größeres Kind in die Fürsorge des Babys mit ein, traue ihm etwas zu und übertrage kleine Verantwortlichkeiten.
- Plane 1:1-Zeit und Wunschzeit (→ S. 156) ein und organisiere dafür Unterstützung aus eurem Umfeld.

- Starte ein gemeinsames Projekt mit deinem größeren Kind. (→ „Zusammen schaffen wir das!“, S. 106)
- „Kämpfe“ mit deiner Partnerperson um die Aufmerksamkeit des größeren Kindes.
- Behaltet liebgewonnene Rituale aus der Zeit vor der Geburt des Geschwisterkindes bei oder etabliert ein exklusives Ritual für die Mutter-Kind-/Vater-Kind-Beziehung.
- Schaut euch gemeinsam das Babyfotoalbum des größeren Kindes an.

... es Geschwisterkonflikte gibt?

- Moderiere Streit neutral, höre beide Seiten an und nimm Ideen/Lösungsvorschläge beider Seiten auf.
- Lass die Geschwisterkinder Verstecken spielen, um ihren Bindungsaufbau zu unterstützen; spielt gemeinsam verstecken. (→ „Klassiker I: Verstecken“, S. 126)
- Lass sie gemeinsam Aufgaben lösen und sich verbünden.
- Steigere das Teamgefühl, indem du spielerische Eltern-gegen-Kinder-Situationen schaffst, die das Geschwisterteam gewinnt.
- Schaffe Rückzugsmöglichkeiten.
- Rege Rollenspiele an, die den Perspektivenwechsel fördern. (→ „Der Alleskönner: Rollenspiele“, S. 88)
- Lenke Aggressionen um. (Kissenschlacht, Boxsack)
- Zeige Handlungsalternativen auf. (Stopp sagen, Eltern holen)
- Hilf den Geschwistern dabei, eigene kleine Rituale zu entwickeln und verbindende Momente zu erleben.
- Nutze Wettbewerbsspiele nicht unter den Geschwistern, sondern nur im Teammodus: Geschwisterteam gegen Elternteam.
- Führt für andauernde Streitthemen eine fixe Auf- oder Verteilung ein. (feste Tage, feste Zeiten, feste Aufgaben)

... dein Kind trödelt oder wenn Übergänge schwierig sind?

- Kündige Übergänge frühzeitig an.
- Mache die Zeiträume nachvollziehbar. (Sanduhr, visueller Timer mit Restzeit-Anzeige,→ „Wunschzeit“, S. 156)
- Zerlege den Übergang in Schritte („*Erst das ... dann das ...*“).
- Zettle einen Wettkampf an.
- Mach Quatsch. (Alles rückwärts, pantomimisch, als Minion usw.) (→ „Quatsch mit Soße“, S. 94)
- Führe für wiederkehrend schwierige Übergänge Routinen und gleichbleibende Abläufe ein, das schafft Vorhersehbarkeit und Sicherheit.
- Lass dein Kind den Übergang mitgestalten, beziehe es ein und gib ihm Entscheidungsmöglichkeiten.
- Bereite große Übergänge vor, indem ihr die neue Umgebung vorher erkundet (z. B. Kindergarten, Schulgelände, Schulweg).
- Erstellt ein Fotobuch für die einzelnen Schritte des Übergangs und des Zielortes.
- Arbeite mit Vorfreude und dem Ausblick auf Spaß und Abenteuer.
- Bringe Geduld mit, plane mehr Zeit ein, kommuniziere klar und sei ein Vorbild.
- Veranstalte eine Fantasiereise, die am Zielort stattfindet. (→ „Traumreise“, S. 146)
- Denk dir Abenteuer und Aufgaben für den Weg aus. (→ „Mikroabenteuer“, S. 118)
- Lass dein Kind etwas mitnehmen, was beim Übergang hilft.
- Veranstalte eine Tierparade/Superheldenparade. (→ S. 168)

... dein Kind sich schwer von dir trennen kann?

- Nimm die Gefühle deines Kindes ernst und sprich sie an.
- Bereite den Übergang gut vor und kündige ihn an.
- Entwickelt gemeinsam ein Abschiedsritual.
- Spielt Verstecken, um kleine Trennungen zu üben. (→ „Klassiker I: Verstecken“, S. 126)
- Biete einen Kuss- oder Bindungsspeicher an. (→ „Bis wir uns wiedersehen ...", S. 122)
- Veranstalte Fantasiereisen für den Übergang und die getrennte Zeit. (→ „Traumreise“, S. 146; „Bilder im Kopf“, S. 166)
- Erstelle ein Fotobuch darüber, was du in der Zeit tust, die ihr getrennt verbringt.
- Mach den Trennungszeitraum absehbar und gib Orientierung, wann es so weit sein wird (z. B. nach dem Mittagessen).
- Nimm immer und zuverlässig Abschied und gehe nicht in einem Moment der Ablenkung, das könnte die Trennungsangst steigern.
- Beziehe die Person, die die Betreuung übernimmt, oder andere Kinder in den Übergang mit ein.
- Spielt Rollenspiele, tauscht die Rollen und spielt Trennungsszenen nach (→ S. 88).
- Biete Kostüme und Verzauberungen an, mit denen sich dein Kind mutiger, selbstständiger usw. fühlt.

... dein Kind abends nicht ins Bett/nicht einschlafen will?

- Überprüfe das Schlafbedürfnis deines Kindes und reduziere ggf. den Tagesschlaf.
- Passe die Abendrituale an oder führe eines ein (z. B. → die Gute-Nacht-Kiste, S. 100).
- Erlerne mit deinem Kind Entspannungstechniken.
- Veranstalte eine Traumreise mit deinem Kind. (→ „Traumreise", S. 146)
- Wähle ruhige Geschichten für das abendliche Vorlesen. (→ „Vorlesen", S. 120)
- Lass dein Kind nochmal Energie abbauen (toben, Quatsch machen), bevor das Abendprogramm startet.
- Hilf deinem Kind mit kleinen Massagen und Fingerspielen beim Entspannen. (→ „Klassiker III: Reime und Fingerspiele", S. 130)
- Bei abendlicher Trennungsangst: Bindungsband (→ „Bis wir uns wiedersehen ...", S. 122)
- Bei fantasievollen Ängsten: Vertreibe Monster und andere Eindringlinge mit Monster-Spray, Zaubersprüchen; lass dein Kind die Gespenster einfangen und aus dem Fenster werfen.
- Lass dein Kind nächtliche Beschützer (Stofftiere, Superheldenfiguren, Legomännchen u. v. m.) wählen.
- Testet, vielleicht in der Ferienzeit, ob selbstbestimmtes Schlafen für dein Kind und eure Familie funktioniert.
- Hast du mehrere Kinder über einem Jahr, kann auch ein Geschwisterbett eine Option sein.

… dein Kind Gefühlsstürme erlebt?

- Verzichte auf langatmige Erklärungen.
- Stärke und beruhige dich selbst, indem du tief durchatmest.
- Nimm die Gefühle deines Kindes ernst, spiegle und benenne sie.
- Lenke die Energie/Aggression um: Kissenschlacht, Boxsack, weichen Wutball schleudern usw.
- Visualisiert die Gefühle. (→ „Grompi, das Wutmonster“, S. 104)
- Flucht auf eure Weise. (→ „Singen, fluchen, flüstern“, S. 112 und Infokasten „Vorbildlich fluchen“ auf S. 40)
- Schüttelt die Wut und andere starke Gefühle ab. (→ „Shake your body“, S. 124)
- Ruft die „guten“ Gefühle zurück. (→ „Emotionale Feuerwehr“, S. 160)
- Lenke dein Kind, nachdem die Gefühle ernst genommen wurden, mit → „Quatsch mit Soße“, (S. 94) oder → „Emotionale Feuerwehr“ (S. 160) ab.
- Plane Pausen vom Gehorchen und Funktionieren ein, damit dein Kind Selbstkontrolle wieder auftanken kann.
- Biete einen kleinen Snack an, vielleicht ist dein Kind wütend, weil es hungrig ist (hangry).
- Schütze dein Kind, dich selbst oder andere Personen, indem du dein Kind hältst, sollte es schlagen/treten/beißen.
- Ziehe einen Ortswechsel in Betracht, wenn es einen Auslöser (zum Beispiel die Spielsachen im Supermarkt) gibt oder du selbst aufgrund der Beobachter*innen ganz unruhig bist.

… dein Kind nicht baden oder Haare waschen möchte?

- Setze das Baden oder Duschen kurzzeitig aus und wasche dein Kind ordentlich mit einem flauschigen, „tierischen“ Waschlappen.
- Verwende unbedingt ein mildes Shampoo, das weder in den Augen brennt noch scharf riecht.
- Lass dein Kind selbst sein Shampoo oder Duschgel aussuchen.
- Badet gemeinsam oder lass dein Kind allein baden, wenn es das bisher nicht durfte, bleib aber unbedingt dabei.
- Biete Badespielzeug oder lustige Badezusätze wie sprudelnde Badekugeln oder Badefarben an und macht Quatsch. (→ „Quatsch mit Soße“, S. 94)
- Lege eine Duschmatte in die Wanne, um deinem Kind Sicherheit auf dem rutschigen Untergrund zu geben.
- Lass eher lauwarmes als warmes oder heißes Wasser ein.
- Lass dein Kind in der Lieblingsbadehose baden oder duschen.
- Nutzt eine Taucherbrille oder Duschhaube zum Auswaschen der Haare.
- Lass dein Kind viel selbst machen: Wasser einlassen, Körper einseifen, Haare ausspülen usw.
- Packe dein Kind hinterher in ein weiches (!) Handtuch mit Kapuze und kuschelt ausgiebig.
- Veranstalte im Anschluss ein Kleidertheater. (→ „Kleidertheater“, S. 132)

DANKSAGUNG

An dieser Stelle im Buch angekommen, kann ich es selbst kaum glauben: Mein erstes Buch als Solo-Autorin ist fertig! Doch dieses Buch ist mitnichten eine Einzelleistung und dafür bin ich unglaublich dankbar. Denn auf dem Weg zu diesem Buch gab es Menschen, die mich inspiriert haben, solche, die an mich geglaubt haben und mir Mut gemacht haben und weitere, die mich unterstützt und begleitet haben.

Matthias: Den eigenen Traum zu verwirklichen kostet phasenweise sehr viel Kraft und lässt manch anderes in den Hintergrund rücken. Ich danke dir für dein Verständnis und deine Unterstützung, wenn ich mich tagelang ins Manuskript vergraben habe. Ohne dich würde ich noch heute Notizbücher statt Ratgeber füllen.

Ina, Nora und Körnchen: Ihr drei seid die Musen dieses Ratgebers, ihr habt mich inspiriert. Du, Ina, mit deinem Wunsch, mit deinen beiden Mädels intensivere Gespräche zu führen, um sie noch besser kennenzulernen. Von dir, Nora, stammt ein Rat, den ich jeden Tag beherzige: Folge dem Lachen, es weist dir den Weg zu mehr Leichtigkeit im Familienalltag. Und mit dir, Körnchen, darf ich jeden Tag aufs Neue erleben, dass dieser Ratschlag wirklich stimmt.

Mark und Katharina: Dank euch beiden habe ich mir das überhaupt erst zugetraut. Euer Rat und eure Unterstützung haben dazu beigetragen, dass dieses Buch, wenn nicht spielerisch, dann doch mit sehr viel Freude geschrieben wurde. Ich bedanke mich von Herzen für die wertschätzende Zusammenarbeit und freue mich auf viele weitere gemeinsame Projekte!

Bibliografische Information der Deutschen Nationalbibliothek
Die Deutsche Nationalbibliothek verzeichnet diese Publikation in der deutschen Nationalbibliografie; detaillierte bibliografische Daten sind im Internet über https://dnb.de abrufbar.

ISBN 978-3-8426-1720-9 (Print)
ISBN 978-3-8426-1721-6 (PDF)
ISBN 978-3-8426-1722-3 (EPUB)

Abbildungen:
PER MEDIEN & MARKETING GmbH, Vorlage S. 99: Körnchen
stock.adobe.com: S. 84: Ulyana Mo; S. 89: me.di; S. 90: Séa; S. 103: sinoptic; S. 107: Abdie; S. 113: Ekaterina Mikhailova; S. 121: Pum; S. 123: Orange Brush; S. 124: Nanotrillion; S. 131: Diana Kovach; S. 149: nataka; S. 157: helenreveur; S. 161: puruan; S. 165: hchjjl

Originalausgabe

Die Ratgebermarke der Schlütersche Fachmedien GmbH
Hans-Böckler-Allee 7, 30173 Hannover
www.humboldt.de
www.schluetersche.de

Lektorat: Katharina Spangler, Neumarkt i.d.OPf.
Korrektorat: Miriam Buchmann, Hannover
Covergestaltung: ZERO, München
Covermotiv: Shutterstock/funbutterfly, J_art
Satz: PER MEDIEN & MARKETING GmbH, Braunschweig
Druck und Bindung: gutenberg beuys feindruckerei GmbH, Langenhagen